子どもがぐんぐん
やる気になる！

小学校
算数

授業づくりの技事典

盛山 隆雄 編著
加固希支男・松瀬 仁・山本大貴

志の算数教育研究会 著

明治図書

はじめに

　志の算数教育研究会は，毎月集まって日々の実践について議論を積み重ねています。提案の内容は，日頃の実践に基づいたものです。

　多くは紙面による提案であり，実際の授業を見て議論するわけではありませんでした。時間をかけて議論をすると，頭では納得するのです。特に，教材についての理解や予想される子どもの反応などは。

　しかし，実際に授業をすると，決して予定通りに授業が展開できませんでした。原因は多様でした。指導案などの紙面には表れにくい多くの事柄が授業に関係することがわかりました。

　それが本書に表した算数授業づくりの12の観点であり，60の技なのです。

　例えば，学習環境や宿題，ノート指導などは指導案には表れません。しかし，確実に授業に影響します。それらの授業づくりに生かせる技を研究し発信することは，とても意義があると考えました。

　もちろん，問題提示，自力解決，練り上げ，振り返り・まとめといった問題解決の各様相について，大切だと考える技を考察することにもチャレンジしました。それらの技を考えることによって，自分たち自身も学ぶこと大であったことは言うまでもありません。

　算数授業の技について考え続けているときに，『教育研究』という教育誌の編集委員を務めているときにインタビューした野村克也氏の言葉を思い出しました。

　野村克也氏は，かつてプロ野球選手として戦後初の三冠王を獲得したり，8年連続本塁打王を獲得したりした大選手です。さらに，監督としても大活躍し，多くの名選手を生み出した人でもありました。

　だから，どのように選手を育成するのか，指導法を聞きたいと思ってインタビューに臨みました。

ところが,
「どのような指導をされてきたのですか?」
という質問に対して,意外な答えが返ってきました。
「技術は最後でいい」
とおっしゃったのです。

　プロ野球選手は職人のようなものです。打ち方・投げ方・守り方のテクニックなど技術論についていかに指導するかを聞けるものと考えていました。徹底的に教え込むのかと思っていましたが,野村監督の教育論は違っていました。

　野村氏は,次のような言葉を述べられました。

　「いくら技術を磨いても,人間としての心が間違っていたり,考え方や取り組み方が間違っていたりしては,ろくな仕事はできません。心が変わらなければ,成長も進歩もあり得ないのです」

　算数授業づくりの技について論じている本書の前書きにふさわしくないエピソードかもしれません。しかし,技とか技術を考えるときに最も忘れてはならないお話だと思い,あえて記しました。

　私たちが相手にするのは子どもです。子どもの健やかな知的成長,人間的成長を願う心を胸に,謙虚な気持ちで本書の60の技を提案させていただきます。

　本書を刊行するにあたり,明治図書の矢口郁雄氏に大変お世話になりました。ときどき月例会に出席していただき,励ましの言葉をかけてくださることで,研究会の士気が上がりました。心からお礼を申し上げたいと思います。

　2018年1月

盛山　隆雄

はじめに

第1章 算数授業をつくる「技」を学び使いこなそう！

1 「技」の目的 ……8
2 算数授業づくりの12の観点 ……9
3 「技」の心を読み取って使う ……11

第2章 今日から使える 算数授業づくりの技 60

発問

「意味」を考えさせる発問の技 ……14
「よさ」に気づかせる発問の技 ……16
「同じ」ことに着目させる発問の技 ……18
子どもの思考を揺さぶる発問の技 ……20
「理由・根拠」を引き出す発問の技 ……22

教材・教具

数感覚を豊かにするブロック活用の技 ……24
偶然を装いながら意図的に使いたい数を選ぶ技 ……26
苦手な子も巻き込みながら多様な考え方を身につけさせる技 ……28
素地的な学習活動にブロックを生かす技 ……30

CONTENTS
もくじ

宿題

子どもが喜んで取り組む楽しい宿題づくりの技	……32
子どもの追究意欲を掻き立てる技	……34
宿題の内容の理解を深める技	……36
同じ間違いを繰り返させないようにする技	……38

板書

授業の流れをより具体的にイメージする板書計画の技	……40
「見方・考え方」を豊かにする技❶	……42
「見方・考え方」を豊かにする技❷	……44
授業のポイントを子どもに意識させる技	……46
子どもの考えから公式をまとめ，しっかり定着させる技	……48
授業のポイントをしっかり押さえる消し方の技	……50

ノート指導

最初から最後までノートを大切に使わせる技	……52
振り返りがしやすくなるノートづくりの基本技	……54
ノートに書くスピードをアップさせる技	……56
学習感想をレベルアップさせる技	……58
ノートに自分の心の声を表出させる技	……60

学習環境

発表をスムーズにする「算数言葉」活用の技	……62
学んだことを整理し，「視える化」する技	……64
ノートを通して自分や友だちの学びを意識させる技	……66
教室の中で算数に親しませる技	……68
算数的な感覚を豊かにする技	……70

問題提示

比較することで問題解決の意欲を高める技	……72
マスキングによって問題に主体的に働きかけさせる技	……74
問題文を読みやすくしたり，問題を解決しやすくしたりする技	……76
情報を隠すことで「見方・考え方」を働かせる技	……78
子どものミスコンセプションを生かす技	……80
計算練習が劇的に楽しくなる技	……82

自力解決

手が止まっている子どもに考えるきっかけをもたせる技	……84
小集団での学び合い活動で「困るだけの時間」を解消する技	……86
子どもの学力差を埋める技	……88
答えを出した子どもが時間を持て余さないようにする技	……90
自分の解き方を整理させる技	……92

練り上げ

クラス全体の聞く力を伸ばす技	……94
説明する力を伸ばす技	……96
苦手な子を授業の流れに乗せる技	……98
深めたい考えを自分で選択させる技	……100
クラス全体で多面的に考える力を伸ばす	……102

振り返り・まとめ

新しい考え方や発展につながる振り返りの技	……104
本質をとらえさせるまとめの技【知識・技能】	……106
本質をとらえさせるまとめの技【見方・考え方】	……108
問題解決能力を育てる技	……110
小刻みな振り返りを促す技	……112

CONTENTS
もくじ

ペア・グループ学習

相手意識をもって自分の考えを伝えさせる技 ……114
わかったことや大事なことを確認させる技 ……116
よい考えを学級全体で共有する技 ……118
ハンドサイン，ミニ先生活用の技 ……120
ペア学習を日常化する技 ……122

ＩＣＴ活用

発表者以外の子どもにも深く考えさせる技 ……124
教科書をアレンジして子どもの思考をアクティブにする技 ……126
子どものノートや制作物の価値を共有する技 ……128
タブレットＰＣを有効活用する技 ……130
授業力向上につながるデータ保存，活用の技 ……132

7

第1章 算数授業をつくる「技」を学び使いこなそう！

筑波大学附属小学校　**盛山隆雄**

1 「技」の目的

　算数授業をつくる「技」を学ぶ目的は何かということを意識することが大切です。

　私たち志算研では，大きく2つの目的があると考えています。

---

①算数好きな子どもを育てること
②授業が好きな教師になること

　シンプルな目的ですね。子どもも教師も好きになることが一番だと思いませんか？

　「好きこそものの上手なれ」ということわざがあります。

　好きなことであれば，だれに強いられることもなく自分から取り組むことができ，モチベーションを保ちながら継続して努力することができるという意味です。

　新しい学習指導要領では，主体的に学ぶ人材の育成を謳っています。そのためには，子どもも教師も，算数を，授業を，学ぶことを好きになり，成長し続ける人になっていく必要があります。

　そして，子どもが学ぶことを好きになるために，授業づくりの技が必要なのだと考えます。

　技を習得して自信をもって授業を行い，子どもたちが喜ぶ姿を見ることが

できたら，それが次の授業づくりのエネルギーになります。そんな好循環を
つくれたら毎日が楽しいですね。

ところが，今の時代，どれだけ教材研究の時間や授業の準備をする時間を
つくることができるでしょうか。保護者対応，地域への対応，実務処理など
教師の仕事は多岐にわたり，授業について考える時間を取ることが困難にな
っています。

しかし，それらの仕事をないがしろにするわけにはいかないので，効率よ
く授業づくりの技を身につけるために本書を活用していただきたいと願って
います。

繰り返しますが，技を身につける目的を忘れないようにしてください。本
書で紹介する技は，教師の教育について考える誠実な心があって，はじめて
子どものためになるものと信じているからです。

2 算数授業づくりの12の観点

算数授業をつくろうとするときには，どんな技術が必要でしょうか。
志算研でそのことを考え，次の12の観点をあげました。

○発問　　　　　　　　○教材・教具

○宿題　　　　　　　　○板書

○ノート指導　　　　　○学習環境

○問題提示　　　　　　○自力解決

○練り上げ　　　　　　○振り返り・まとめ

○ペア・グループ学習　○ICT活用

これらの12の観点について使える技を考えたわけです。紙面の都合から，
1つだけ「発問」という観点を取り上げて考えを論じることにします。

第1章　算数授業をつくる「技」を学び使いこなそう！　9

授業名人と言われる教師は，発問が優れています。

　いくら教材研究をして，よい教材や問題ができたとしても，それだけでよい授業ができるわけではありません。子どもにかける言葉，つまり発問を吟味することが必要です。

　あるとき，教職を目指す大学生たちに，小学生のころの経験を語ってもらう機会がありました。問題を書いた後にどのように指示をされたのかを尋ねると，

　「とりあえずやってみて」
だったと話す学生がいました。

　この場合，主発問がない授業ということになります。これでは，子どもが主体的に動くことは難しいわけです。

　筑波大学附属小学校の大先輩，社会科の有田和正先生の有名な実践があります。「バスの運転手」という実践で，バスの運転手が正確に安全に乗客を目的地まで運ぶために考えていることを理解することがねらいでした。

　その授業の発問は絶妙でした。

　まず，

　「バスにはタイヤがいくつついていますか？」

　「バスにつり革は何個ついていますか？」
というような「数」に関する発問から入り，バスの情景を想像させました。それから，次のような主発問に入りました。

　「運転手は，運転するときにどこを見て運転するでしょう？」
という発問でした。

　子どもの視点を運転手に近づけ，「もの」から「人」へ視点を移していきました。

　運転手の見ている先を想像することは，「バスの運転手は，運転している時に何を考えているのか」という授業のねらいに結びついていきます。

　「バスの運転手はどんなことに配慮して運転していますか？」
と直接的に尋ねるより，「どこを見て運転しているか？」の方がはるかに答

えやすいし，興味関心を喚起します。その後，子どもたちが意欲的に動き出したことが容易に想像できます。

　有田和正先生は，この授業において予めこれらの発問を用意していました。有田先生にとって教材研究＝発問研究でもあったのだと思います。

　ただ，忘れてはならないのは，この授業でも使われた補助的な発問です。例えば，子どもが，

　「運転手さんは，ミラーを見ます」

と言ったときに，

　「どこのミラーかな？」

　「どうしてそのミラーを見るのかな？」

など，子どもの表現に適う発問を上手に入れていきました。この「問い返し発問」によって，さらに子どもたちの思考を深くしていきました。

　この問い返しの発問は，予め用意することは難しく，子どもの反応を評価し，瞬時に判断して発問する技なのだと思います。授業を展開するのに欠かせません。この問い返しの発問こそ教師の腕の見せ所なのかもしれません。

3 「技」の心を読み取って使う

　技は，それだけでは機能しないことがあります。

　例えば，「自力解決」中で「手が止まっている子どもに考えるきっかけをもたせる技」が紹介されています。自力解決のときに止まっている子どもが多数いた場合，

　「だれかヒントを言える人はいますか？」

と問います。

　このときに，ヒントを言うこと自体がねらいだと思っている子どもは，答えを言ってしまったり，考え方をほとんど説明してしまったりするかもしれません。

　一方で，「どう考えてよいのかわからない友だちのために考えるきっかけ

第1章　算数授業をつくる「技」を学び使いこなそう！　11

をあげる」というねらいが正しく伝わっている場合は，ヒントについて本気で考えてくれます。

　ヒントを言うときも，例えば，

　「この辺を底辺と見るんだけど。どう，わかる？　もう少しわかりやすいヒントがいいかな？」

といった感じで，仲間と対話しながらヒントの出しようを考えます。

　このような思いやりあふれるヒントであれば，自力解決は活性化するし，クラスの雰囲気そのものがよくなるわけです。

　技を生かすには，その技の意義をよく理解し，なんのためのものかを子どもたち自身にも理解してもらうことが大切です。

　このヒントの例では，一部の子どもたちだけでなく，みんながわかってくれたらうれしいという教師の思いや，みんなで学び合い成長することが授業だという考え方を伝えることで，成功する技になるのだと思います。

第2章 今日から使える 算数授業づくりの技60

発問 ……14

教材・教具 ……24

宿題 ……32

板書 ……40

ノート指導 ……52

学習環境 ……62

問題提示 ……72

自力解決 ……84

練り上げ ……94

振り返り・まとめ ……104

ペア・グループ学習 ……114

ICT活用 ……124

発問

「意味」を考えさせる発問の技

POINT
- 1人の子どもの考えの意味を，他の子どもへ問うべし！
- 複雑な考えの場合は，部分を指定して問うべし！

　自力解決の後に，発表，そして集団検討に移ります。集団検討をする前に大切なことは，一つひとつの友だちの考えをきちんと理解できているかどうかです。そうでないと，「AよりBの方がよい」といった意見や，「Aの考えはこうすればもっと簡単になる」といった意見を出すことはできません。
　ここでは，発表した子どもの考えの意味を，他の子どもたちにシンプルに問うための発問について説明します。

1　1人の子どもの考えの意味を，他の子どもへ問う

　2年生の事例で説明します。次のような問題が出されたとします。

> 箱に入っているチョコレートは全部で何個ですか。

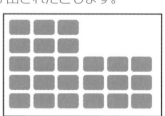

　それに対して，例えば次のような考えが出されたとします。
① 3×2＝6　6×3＝18　6＋18＝24
② 3×8＝24
③ 5×6＝30　2×3＝6　30－6＝24

それぞれの考えに対して，次のように問います。

> この考えはどういう意味かな？

これは，シンプルな発問です。子どもの表現にそのまま問い返せばよいのです。式で発表させた場合は，「図を使ってお話できるかな？」という言葉を足すのがよいでしょう。

気をつけることは，発表した本人に尋ねるのではなく，他の友だちに問うことです。教室にいる子どもたち全員を巻き込んで授業を展開するための発問であることを意識します。

2 複雑な考えの場合は部分を指定して問う

例えば，先ほどの問題の③の考えがよくわからない子どもが多かったとします。その場合は，まず次のように１つの式に絞って問います。

> ５×６は，どういう意味かな？

この発問でも難しい場合，さらに絞って次のように尋ねてもよいでしょう。

> ５×６の５はどこかな？　１つ分の５だよね。

１つ分の５個が見つかれば，

> おかしいね。３列はあるけど５列はないよね？

といった発問をして，子どもの思考を揺さぶります。

１人の子どもの考えを，式を基にみんなで探り合うことで，理解していきます。そのために問い返す発問が大切になるのです。　　　　　　　（盛山　隆雄）

第2章　今日から使える算数授業づくりの技60　15

| 発問 |

「よさ」に気づかせる発問の技

POINT

- はっきりする考え・いつでも使える考えを価値づけるべし！
- わかりやすさを価値づけるべし！

　問題解決の授業では，子どもの多様な考えを受け入れて，それらの考えを生かして新しい事柄を教えるように授業を展開することが必要です。

　その際，子ども同士で考えのよさを言葉にして価値づけていくことが大切です。教師がいつも価値づける教室は，子どもが考えずに受け身の姿勢になってしまいます。算数・数学は，子どもが正誤や考えの価値を判断できるのが特徴なのです。

1 はっきりする考え・いつでも使える考えを価値づける

　5年生では多角形の角の大きさの和について学習します。例えば，直角三角形の3つの角の和について考えたとき，多くの子どもたちは分度器で角の大きさを測ります。もちろん，それでは3つの角の大きさの和は安定しません。181°と言う子どももいれば，178°と言う子どももいるでしょう。

　そのときに，次のように直角三角形を2つ組み合わせて長方形にして考える子どもが現れたとします。

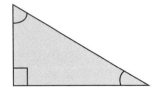 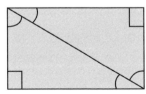

画用紙でできた直角三角形を子どもたちに配付して触らせていれば，必ずと言っていいほどこの考えをする子どもが現れます。長方形の角の大きさの和は360°で，直角三角形はその半分だから180°という説明です。
　このような考えが出たときに，次のように問います。

| この考えのよいところは何かな？ |

　子どもから期待する答えは，次のようなものです。
「分度器で測ると，測り方によって違いが出てしまうけど，長方形にする考えは180°になることがはっきりします」
「どんな直角三角形でもいつも180°になることがわかるからすごいと思います」

2 わかりやすさを価値づける

　先ほどの問題で，直角三角形の紙を触らせていれば，次のように敷き詰めたり，折ったりする考えが出ることがあります。

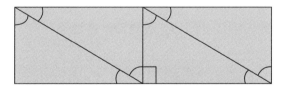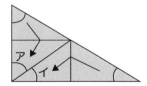

これらの考えについてもそのよさを尋ねると，
「見た目でわかるからわかりやすい」
と視覚的，または直感的に理解できるよさを言う子どもが多くいました。
　確かに直角三角形を敷きつめると角アと角イと直角の3つの角が並んで一直線に見えるので，180°であることが一目瞭然です。直角三角形を折る考えにしても，角アと角イが直角と重なるので，角ア＋角イ＝90°であることがよくわかります。

（盛山　隆雄）

第2章　今日から使える算数授業づくりの技60　17

発問

「同じ」ことに着目させる発問の技

POINT
- 一見ばらばらに見えるものの中に「同じ」を見つけさせるべし！
- 既習との関連を図り，「同じ」としてとらえさせるべし！

　新学習指導要領では，「統合的な見方・考え方」を働かせて問題解決に取り組ませることが謳われています。

　「統合的な見方・考え方」とは，既習と未習の内容を関連づけたり，子どもの多様な考えを関連づけたりして，理解を深めることです。

　「関連づける」とは，「共通項を見つける」こととしてとらえ，そのための発問について考えてみます。

1　一見ばらばらに見えるものの中に「同じ」を見つけさせる

　例えば，4年生の複合図形の面積の学習では，一般に次の3つの考えが現れます。

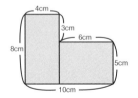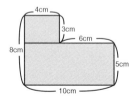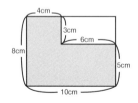

　この3つの考えに共通することを子どもに考えさせる発問を次のように行います。

> 3つのやり方は，どういうところが同じですか？

　この発問の後には，次のような子どもの言葉が続きます。
①「長方形を使って求めています」（内容）
②「分けたり，引いたりして求めています」（考え）
　①は内容について共通することです。②は面積を求める考えとして共通することです。子どもは内容と考えを区別せずに説明することが多いですが，指導者側は分けてとらえておき，両側面から指導することが大切です。

2 既習との関連を図り，「同じ」としてとらえさせる

　例えば，5年生の面積の学習では，平行四辺形の求積をします。平行四辺形は，下図のように長方形に変形させて面積を求めます。

 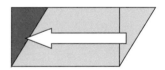

　こういったときにも次のように発問して既習と関連づけることが大切です。

> L字型（図形を示して）の面積を求めたときと比べて，何が同じかな？

　「あのときも長方形にしたよね。長方形にして求めるところが同じです」
　「習った形を使うところが同じだと思います」
　新学習指導要領では，「振り返り」を強調しています。新しい内容を学習した際，既習の内容と比較して，同じような考えで問題解決したものと統合することを大切にしていきたいと思います。ちなみに，三角形の求積では，同じように既習の長方形や平行四辺形に変形させて面積を求めます。同じ考えで貫いていくことができるのです。

　　　　　　　　　　　　　　　　　　　　　　　　　　　　（盛山　隆雄）

> 発問

子どもの思考を揺さぶる発問の技

POINT

- 答えが出て終わったと思ったときに再度思考を活性化させるべし！
- 素直に考える子どもの立場に立つべし！

　子どもの思考を活性化させる発問があります。それは，子どもの立場や考えに賛成や反対の意思を意図的に示すものです。
　そうすることによって，子どもが主張したくなる場面や理由を言いたくなる場面，より深く考えなければならない場面を演出するのです。

1 答えが出て終わったと思ったときに再度思考を活性化させる

　例えば，三角形の内角の和を求める問題をみんなで考えて，180°になることがわかったとします。そのときに，

> この三角形は180°だったね。この三角形はもっと大きいかな？

と言って，面積が広い三角形を見せて問います。
　「えっ，どんな三角形も180°じゃないの？」
　「確かにこれはもっと大きいような気がする」
と子どもたちは問いをもちます。

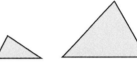

　このようにして，答えが出て終わったと思ったときに再度思考を活性化させる問いを投げかけることが大切です。例えば，三角形は180°，四角形は360°，五角形は540°と調べたとき，「180°ずつ増えるんだ！」ということを

発見した子どもがいたとします。すばらしい発見に違いはないのですが，この発言にすぐにのってしまったら思考は終わってしまいます。

> 本当だ。ここまでは180°ずつ増えているね。偶然かなぁ…？

と返します。そうすると，
　「六角形からもきっと180°ずつ増えるよ。だってさあ…」
というようにもっと調べて証明しようとしたり，演繹的に根拠を示そうとしたりします。子どものさらに考えようとする態度を引き出すことが大切です。

2 素直に考える子どもの立場に立つ

　1年生に次のような問題を出しました。

> 　はこのなかに，いくつかのみかんがありました。
> 　みかんを7こたべたので，はこのなかののこりのみかんは4こになりました。
> 　はじめに，はこのなかにあったみかんはなんこですか。

　この問題に対して，7－4＝3と書く子どもがいます。「『のこり』って書いてあるからひき算だと思う」と理由を言ったら，

> 　そうだよね。「のこり」って書いてあるからひき算だよね。

　このように他の子どもたちに投げかけます。きっと他の子どもたちは反論します。そして，7－4＝3と書いた友だちがわかるように説明しようとするでしょう。教師は，なるべく誤答をした子どもの側に立ってあげること，そして，クラス全体の思考が本質にせまるようにしてあげることが大切だと考えます。

（盛山　隆雄）

第2章　今日から使える算数授業づくりの技60　21

発問

「理由・根拠」を引き出す発問の技

POINT

●帰納的な考え方や演繹的な考え方を引き出すべし！

●発想の源を問うべし！

　算数は，問題を解決しながら学ぶ教科です。子どもは，答えが出たら喜ぶ
でしょう。しかし，答えを出すことは，目的の半分です。もう半分は，なぜ
その答えになるかを問題にし，論理的な思考ができるようになることです。
理由や根拠を問うことで，数学的な考え方を引き出し，子どもたちの論理的
な思考力を育てることができます。

1 帰納的な考え方や演繹的な考え方を引き出す

　例えば，4年生に「『1÷7』の答えの小数第38位の数はいくつ？」と問
いました。わり進む問題です。

　ひたすら筆算をして第38位の数を求めようとする子どもがほとんどでした
が，次のような計算をして答えを求めている子どもがいました。

　38÷6＝6あまり2　　答え　4

　このときに次のような発問をしました。

　　なぜこの計算で答えが求まるのかな？

　みんながよくわからないという表情を示したので，とりあえず筆算をする
ことにしました。商の数値をずらっと書いていきます。

$\overset{\frown}{0.142857}$ $\overset{\frown}{142857}$ $\overset{\frown}{142857}$ $\overset{\frown}{142857}$ $\overset{\frown}{142857}$ $\overset{\frown}{142857}$ 14

> あまり2だから4が小数第38位の数字

途中まで書いたらみんなが

「そうか，142857の繰り返しになっているんだ！」

と数値の並び方のきまりに気づきました。そして，「6あまり2」の意味を理解したのです。このように，きまりを発見し，そのきまりを基に理由・根拠を説明するのが帰納的な考え方です。

そして，次のような発問をしました。

なぜ142857の繰り返しになるのかな？

この発問は，演繹的な考え方を引きだす発問です。

右のように筆算を書いていくと，途中から同じわり算の繰り返しになります。だから商も同じ数値の繰り返しになることを説明する子どもがいました。

```
    0.1 4 2 8 5 7 1 4 2 8 5 7 1 …
7)1 0          1 0
   7            7
  30           30
  28           28
   20           20
   14           14
    60           60
    56           56
     40           40
     35           35
      50           50
      49           49
       1            1
```

2 発想の源を問う

発想の源を問うというのは，子どもがある考えを示したとき，

どうしてそう考えたの？　どうしてそのことを思いついたの？

と尋ねることです。すると「似た問題でそう考えたことがあったから」といった説明があるかもしれません。それを知ることで，思いつかなかった子どもたちも考え方や発想の仕方を学ぶことができるからです。　　　（盛山　隆雄）

教材・教具

数感覚を豊かにする
ブロック活用の技

POINT

●10個のブロックを使って作品をつくらせるべし！

●友だちと作品を見合い，数の見方を拡げさせるべし！

1 10個のブロックを使って作品をつくらせる

　１年生の算数でよく使われるブロック。たし算や，ひき算の計算で使用するだけではなく，10の合成・分解を楽しく学ぶためにも使うことができます。

　まず，10個のブロックでいろいろな形を子どもたちにつくらせます。ブロックで形ができたら，ブロックのまわりをなぞらせ，題名をつけます。そして，「できた形を数で表してみましょう」と投げかけます。例えば，２個のブロックを使って，チョウチョを５匹つくったら，「２と２と２と２と２」と書きます。ピラミッドの形なら，「１と２と３と４」と書きます。

2 友だちと作品を見合い，数の見方を拡げさせる

　作品ができたら，友だちの作品を見て回ります。同じ10個のブロックでも，いろいろな数に分解できることがわかります。友だちのつくった作品を数で表したり，分けた数を聞いて，どんな形をつくったのか考えたりすると活動が広がります。10の合成・分解は，繰り上がりのあるたし算や，繰り下がりのあるひき算にもつながっていきます。遊びの中で楽しみながら，数の見方を広げ，数感覚を養う体験をたくさんさせることが，１年生の算数では大切です。

（岡田　紘子）

楽しみながら，自由に10個のブロックで形をつくります

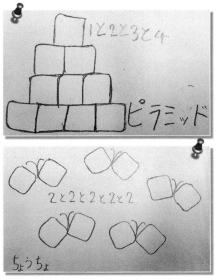
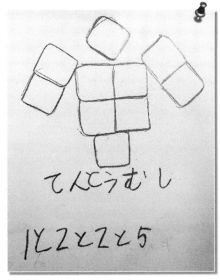

題名をつけ，できた形を数で表します

第2章　今日から使える算数授業づくりの技60　25

教材・教具

偶然を装いながら
意図的に使いたい数を選ぶ技

●教師にしかわからない暗号を仕込み，偶然を装うべし！

1 教師にしかわからない暗号を仕込み，偶然を装う

　あまりのあるわり算を考えるときに，「18個のあめを□個ずつ分ける」という場面を提示し，既習のわりきれる数から考えさせ，わりきれないときにどのように考えるとよいかを話し合わせます。しかし，子どもたちに好きな数字を言ってもらうと，思惑通りに進めることができません。一方で，教師がはじめから数を示してしまっては，□にする意味がなくなります。

　そこで，子どもたちにはわからない2進法（0と1の2つの数字のみを使って，数を表す方法）を利用した目印を密かに裏面につけた数字カードを用意します。四隅に小さい●（印）をつけておきます。左上に印があるときは

「1」，ないときは「0」，同じように，右上に印があるときは「2」，ないときは「0」，左下に印があるときは「4」，ないときは「0」，右下に印があるときは「8」，ないときは「0」と考えます。これらを組み合わせると，0〜15までの数が四隅の黒丸があるかないかで判断できます。

　この数字カードを教師がめくり，あたかも偶然選ばれたカード（数）を基に授業を進めながら，子どもたちに考えさせたいこともきちんと押さえることができるようにします。

（山本　大貴）

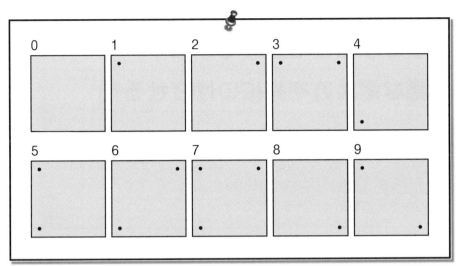

0〜9の数を表すと上のようになります

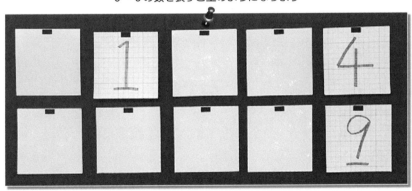

上下の判断ができるように，上に磁石をつけます

様々な場面で活用できます

第2章　今日から使える算数授業づくりの技60　27

> **教**材・教具

苦手な子も巻き込みながら
多様な考え方を身につけさせる技

POINT

●多様な考え方を身につけさせるべし！

●苦手な子にもチャンスを与えるべし！

1 多様な考え方を身につけさせる

　右ページ上の図は，まわりにある白いサイコロ5つ（すべて1〜6の目）の数字と「＋，−，×，÷」の記号を使って，残りの黒いサイコロ2つ（1つは1〜6，もう1つは10〜60）の和をつくる「ジャマイカ」という教具の略図です。算数が得意な子は，あっという間にできてしまうこともあるのですが，算数の問題を考えるうえで大切なのは，1つの答えが出た後も，「他の考え方もないかな」と考えることです。こうした多様な考え方を，ジャマイカを通して身につけさせていきます。

2 苦手な子にもチャンスを与える

　できた子にすぐに答えを言ってもらう方法もありますが，それでは，苦手な子はいつもできないままで終わってしまいます。そこで，時間を1分間とり，「できた」という喜びを味わわせ，「次も解きたいな」という気持ちをはぐくみます。1分後に，できた子に起立してもらい，同じ式が出たら座ることにします。その際，授業中なかなか発表できない子を先に指名してあげることで自信をもたせ，算数好きを少しずつ増やしていきます。

（山本　大貴）

「4，5，4，6，2」と「＋，－，×，÷」を組み合わせて「35」をつくります

多いときには10種類近く出ることも

たった1つの答えを見つけた子は、その日のヒーローに

第2章　今日から使える算数授業づくりの技60

教材・教具

素地的な学習活動に
ブロックを生かす技

POINT

●操作活動を通して理解を深めるべし！
●ブロックの特徴を生かすべし！

1 操作活動を通して理解を深める

　パターンブロック（東洋館出版社より発売）というブロックは，6色の異なる形のブロック（黄色：六角形，赤：等脚台形，青：太いひし形，緑：正三角形，オレンジ：正方形，白：細いひし形）からできています。様々な模様や絵をつくったりして遊ぶことができますが，ブロックの特色を生かすことで，算数の様々な場面において活用することができます。

　例えば，分数の単元で用いることができます。黄色1個の大きさは，赤2個分，青3個分，緑6個分の大きさと同じです。つまり，黄色を1とみることで，赤は$\frac{1}{2}$，青は$\frac{1}{3}$，緑は$\frac{1}{6}$と表すことができます。このように，操作活動を通して，分数の理解を深めることが可能になります。

2 ブロックの特徴を生かす

　棒グラフの素地指導にも用いることができます。どのブロックも同じ厚さ（1cm）でできているので，箱からつかみ取りをして，どの色が一番多かったかを比べるとき，一つひとつの個数を数えるよりも，積み重ねて高さで比べる方が便利であることに気づかせることができます（1年生の「長さ比べ」における任意単位の考え方にも活用できます）。

（山本　大貴）

6種類のブロックを用いて，絵をつくる遊び方

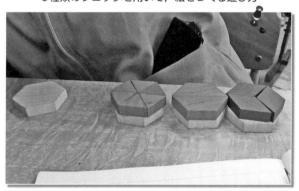

黄色（左端の六角形）と同じ大きさを他の色でつくると…

積み重ねたものを横から見ると…

宿題

子どもが喜んで取り組む
楽しい宿題づくりの技

POINT

- ●身の回りのことを調べさせるべし！
- ●答えの数字の中にメッセージを忍ばせるべし！
- ●現実世界の数値を扱うべし！

1 身の回りのことを調べさせる

　右のようなプリントを作成し，身の回りの
もののかさを調べることを宿題とします。

　「5個以上調べてきてね」のように，プリ
ントをすべて埋めてこなくてもよいことを伝
えると，必ず「全部やってきてもいいです
か？」と聞く子がいるので，「やってこれた
らすごいなぁ」などと言っておき，実際に5
個よりも多く調べてきた子を大いにほめます。

　子どもたちは，家族と協力したりしながら
思いもよらないものを意欲的に調べます。調

いろいろなもののかさ，しらべたい！		
（　）組（　）名前（　　　　　）		
はかるもの	つかった道ぐ	けっか
	1Lます	
	1Lます	
	1Lます	
	1Lます	
	1Lます	
	1Lます	
	1Lます	
	1Lます	
	1Lます	
	1Lます	
	1Lます	

べてきたことは授業で発表させます。自分で
調べたことなので，みんな発表したい気持ちいっぱいで授業が活気づきます。

　かさ以外にも，長さや重さなどの量や，長期休みの宿題として単位を調べ
させるのもよいでしょう。海外に旅行に行った子どもが，外国の単位を紹介
してくれることもあります。

2 答えの数字の中にメッセージを忍ばせる

　宿題の問題や答えの数字の中に，語呂合わせによるメッセージを密かに忍ばせておきます。はじめてそのしかけをするときに伝えておくと，子どもたちは，どこかにメッセージが隠されているのではないかと探すようになります。

　がんばる子どもにちょっとしたエールやユーモアを送ることができ，宿題に取り組む意欲が増します。

315…さいご（最後）　　　　114…いいよ
810…はーと（ハート）　　　1031…てんさい（天才）
2525…にこにこ（ニコニコ）　3150…さいこう（最高）

語呂合わせによるメッセージの例

3 現実世界の数値を扱う

　宿題の問題をつくるとき，教科書で扱われているような仮想の数値ではなく，現実世界の数値を扱います。

　例えば，単位換算の問題を宿題にするときは，下の例のように，世界記録，担任の記録，学校の記録などで問題を出します。

先生の走り幅跳びの記録	4120mm	=	cm
走り高跳び〇〇小学校記録	0.00125km	=	m
走り幅跳びの世界記録	0.00895km	=	m
砲丸投げの世界記録	23120mm	=	m
世界ギネス体重	560000 g	=	kg

（三田　康裕）

宿題

子どもの追究意欲を
掻き立てる技

POINT

●不完全な状態で授業を終えるべし！
●発展性のある課題を授業で扱うべし！

1 不完全な状態で授業を終える

　算数の授業では，課題に対するまとめをしっかりして終わる場合が多いと思います。しかし，家庭学習まで視野に入れて考えたら，授業時間内で完結してしまうと，あまり家庭で自ら勉強をしようという気にはなれません。

　そこで，時にはあえて不完全なままで授業を終わらせることで，子どもにモヤモヤした気持ちをもたせます。そうすることで，「確かめたい」「もっとやってみたい」と感じ，家庭で続きを追究する意欲が生まれます。

2 発展性のある課題を授業で扱う

　ポイントは，課題に発展性をもたせることです。いったん課題が解決した後も，「…だったら（たし算だったら，四角形だったら…など）」と継続して問える課題にするわけです。例えば，１年生のたし算の授業で「17段目の秘密」を探ります。一番上に０～９までの数を書き，２番目にそれぞれ１を書いてたします。それ以降は上２つずつのたし算を続けていきます（２桁になった場合は一の位のみを書く）。それを17番目まで続けると答えがすべて７になるという展開ですが，この課題は，「一番上の数が○～○だったら」「２番目の数が○だったら」と様々な発展が考えられます。

（前田　健太）

一番上の数を11〜100まで変えてみても成り立つかな？

2番目の数を2や3に変えたらどうなるかな？

宿題

宿題の内容の理解を深める技

POINT

● 宿題の最後に類似問題をつくらせるべし！

● 宿題の丸つけを子ども自身にさせるべし！

1 宿題の最後に類似問題をつくらせる

　算数の宿題は，計算問題や文章題などをドリル的に解かせることが多いと思います。そこで，さらなる理解の向上を目指して，宿題の最後にその日の宿題の類似問題をつくらせ，答えまで考えさせます。すると，子どもたちはいろいろと思考し，宿題の問題をアレンジしたり，オリジナルの難しい問題をつくってきたりします。そうすることで，宿題の問題に対する理解がさらに深まります。

　その日の宿題の内容を理解して作成されたよい問題については，クラス内で紹介し，みんなで解くようにすると，子どもの問題作成の意欲はさらに上がります。

2 宿題の丸つけを子ども自身にさせる

　宿題を子どもたち自身に丸つけさせると，間違った問題は，解くときと丸つけするときの2回考えることになります。つまり，子どもに丸つけをさせることが，誤答について何が間違っていたのかを確認するよい機会となり，理解を深めることができるのです。

（髙　　徹二）

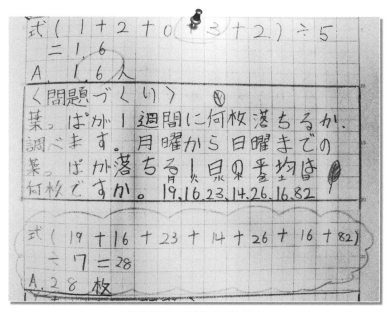

宿題の類似問題をつくります

宿題の丸つけは子どもたち自身で

宿題

同じ間違いを
繰り返させないようにする技

POINT

●間違えた理由を分析させるべし！

●間違えた問題を１冊のノートにまとめさせるべし！

1 間違えた理由を分析させる

　計算ドリルやプリントなどの〇つけは，子どもが自分でできるようにしていきましょう。自分で〇つけを行い，自分で間違い直しをすることで，よくつまずくところや間違いのくせを知ることができるからです。

　間違い直しのときには，①間違えた理由を吹き出しで書く，②わからないことをメモする，③問題を解き直す，の３つを意識させます。この３つの視点で間違い直しをすることで，同じ間違いを繰り返さないようにしていきます。教師は，毎日の宿題を通して子どもたち一人ひとりの学習状況をしっかりと把握し，適切な個別支援ができるように心がけます。

2 間違えた問題を１冊のノートにまとめさせる

　間違えた問題を貯金する「間違い直しノート」をつくらせます。間違えた問題をその都度記録させます。ここに記録される問題は，子ども一人ひとりで違います。この自分の苦手な問題が集められたノートを振り返り，同じ間違いを繰り返さないようにしていきます。

　この，「間違い直しノート」は，家庭とも連携をとり，親子で取り組めるようにしていくとさらに効果を発揮します。

(沖野谷英貞)

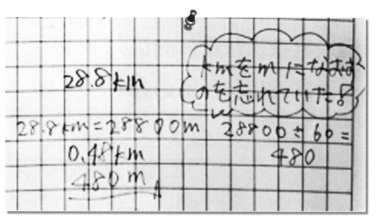

間違えた理由が書かれた吹き出し

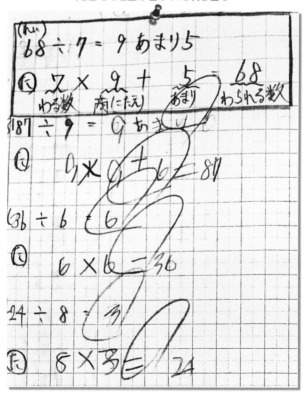

間違えた問題を貯金する「間違い直しノート」の例

第2章 今日から使える算数授業づくりの技60　39

板書

授業の流れをより具体的に
イメージする板書計画の技

POINT

●子どものつぶやきまで板書計画に位置づけるべし！
●授業後の板書と見比べ，分析するべし！

1 子どものつぶやきまで板書計画に位置づける

　授業前に，板書計画を作成することで，指導案だけでは見えてこない，1時間の授業の流れを視覚的にイメージすることができます。

　その際，教師が書くことだけでなく，子どもたちの反応を，授業中の「つぶやき」のレベルで予想し，板書計画に位置づけておくとよいでしょう。そうすることで，実際の授業で同じようなつぶやきが聞こえてきた際，きちんと取り上げることができます。また，子どもたちは，はじめて習うことを純粋に考えるため，教師が予想していなかった意見なども出てくることがあるわけですが，そういったことへの対応もしやすくなります。

2 授業後の板書と見比べ，分析する

　授業が終わったら，その日の最終板書と，板書計画を見比べてみましょう。そして，「事前に予想できた反応」「予想できそうだった反応」「予想以上の反応」の3種類に分けて，子どもたちの意見を分析します。こうしたことを繰り返していくことにより，クラスの子どもたちの実態を把握しやすくなり，次時以降の授業において，事前の予想を増やすことができ，子どもたちの言葉を基に授業を進めることができるようになります。　　　　　　（山本　大貴）

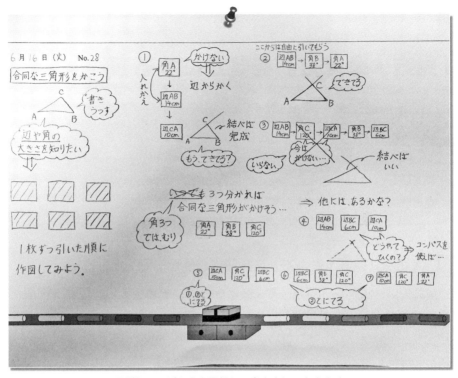

子どものつぶやきを予想し，書き出しておきます

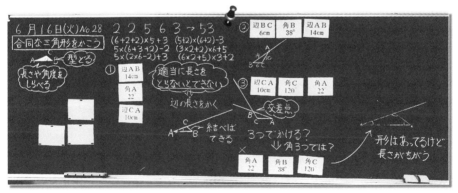

実際の授業の最終板書と見比べ，分析します

第2章 今日から使える算数授業づくりの技60 41

板書

「見方・考え方」を豊かにする技❶

POINT

●大切な「見方・考え方」を短冊に書き留めるべし！
●短冊をストックし，活用するべし！

1 大切な「見方・考え方」を短冊に書き留める

　算数には，大切な「見方・考え方」がいくつもあります。例えば，「並べる」ことで，きまりが見えてきたり，「もしも，○○だったら」と仮定することで，予想を立てられたりします。こうした「見方・考え方」は，子どもたちの潜在意識にはあるものの，それを意識的に使えるように育てていかなければなりません。そこで，大切な見方・考え方が出てきたら，板書するのではなく，短冊に書き留めていきます。時には，子どもに合わせたネーミングにしてもよいでしょう。

2 短冊をストックし，活用する

　つくった短冊はストックしていき，黒板の端など子どもの目の届くところに貼っておきます。そして，同じ「見方・考え方」が出てきたときに，そこから取り出して掲示することで，「この前と同じ考え方だ」と意識させることができます。「見方・考え方」は，1回の授業で身につくものではありません。このようなことの繰り返しで，例えば，「今日も並べますか？」などと子どもたち自ら言えるようになり，「並べる」ことで新しいことを見いだそうとする態度を養うことができます。

(山本　大貴)

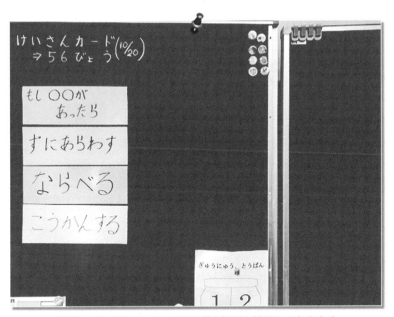

子どもたちの目につくところに常に短冊を掲示しておきます

子どもたち自ら「並べる」ために動き始めました

第2章　今日から使える算数授業づくりの技60　43

板書

「見方・考え方」を豊かにする技❷

POINT

●子どものつぶやきを吹き出しに書くべし！
●「今日の授業で一番大切なところ」を問うべし！

1 子どものつぶやきを吹き出しに書く

　子どものつぶやきの中には，素朴な疑問や本質的な考え方が隠れていることがあります。教師は子どもの声に耳を傾け，つぶやきの中に潜むよさを価値づけ，板書の中に吹き出しとして残していきましょう。

　この吹き出しは，授業のめあてになったり，子どもが振り返りを書くときのキーワードとして役立ったりします。

　特に，「見方・考え方」につながるつぶやきが出たときは，チョークの色を変えて吹き出しとして残します。「内容」だけでなく，「見方・考え方」を意識した板書にしていくわけです。

2 「今日の授業で一番大切なところ」を問う

　授業の終末，板書の中で一番大切だと思うところを全員に指差させ，学習の振り返りをノートに書かせます。子どもが板書のどの部分を指差したかで，子どもが何を中心に振り返るかがわかります。教師は，子どもが板書を見ながら学習の振り返りができるように，授業で大切なことを板書に散りばめておきます。子どもの指差した内容が教師の思惑とずれていたときは反省し，次の授業に生かしていく必要があります。

(沖野谷英貞)

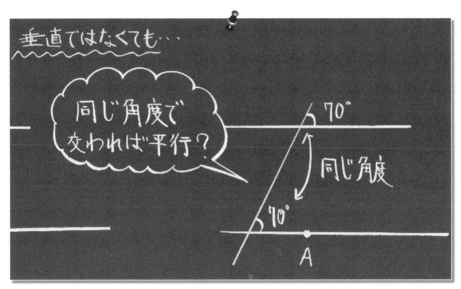

子どものつぶやき（疑問や気づき）を吹き出しで板書に位置づけます

板書の中で一番大切だと思うところを指差す様子

板書

授業のポイントを
子どもに意識させる技

POINT

●チョークの色に意味づけし，子どもと共有するべし！
● 「もし色をつけて書くならどこかな？」と問うべし！

1 チョークの色に意味づけし，子どもと共有する

　授業の大事なポイントや新しい用語・定義などを，チョークの色を変えて書くと，振り返りのしやすい板書になります。

　例えば，以下のように色分けをします。

●白色…授業の流れ　　　●黄色…子どもたちのつぶやき・言葉

●赤色…定義や性質　　　●青色…疑問や新たな問い

　このような色分けのルールを共有することで，子どもたちも大切なところやポイントを日々の授業で意識するようになります。

2 「もし色をつけて書くならどこかな？」と問う

　板書の色を子どもたちが意識するようになってきたら，あえてすべての板書を白一色で書いてみます。

　そして最後に，

　「もし色をつけて書くならどこかな？」

と問いかけます。「えっと，はじめて習ったのは…」「新しい考えは…」と板書を見ながら授業のポイントを振り返ることができます。

（正　　拓也）

白一色の板書を子どもたちに色づけさせます

色をつけた理由を問うと，充実した振り返りになります

板書

子どもの考えから公式をまとめ，
しっかり定着させる技

POINT

●子どもの多様な考え方を板書するべし！
●公式は黒板の真ん中に書くべし！

1 子どもの多様な考え方を板書する

　図形の面積公式を考えさせる場合，1つの図形に対していくつかの方法が出てきます。この方法をできるだけたくさん板書することが大切です。1つの方法でまとめるのではなく，友だちの考えた他のやり方にも触れることで，多様な考え方ができるようになり，よりよい方法を考えるきっかけになります。そのような経験をさせるためにも，1つの課題に対して出てくる子どもの多様な考え方をできるだけたくさん書くようにします。

2 公式は黒板の真ん中に書く

　多様な考え方が出てきた後は，それを公式にまとめていきます。それぞれの考え方から公式につながる共通する部分を見つけさせ，公式の形にまとめていきます。

　その際，公式をまとめとして黒板の右下に書くのではなく，真ん中に書くことで，多様な考え方から共通部分を見つけて導いた公式であることを強調します（右ページ写真参照）。そのためには，その分のスペースを空けて子どもの考え方を位置づけていく必要があります。

（武宮慶一郎）

平行四辺形の面積公式を考えた授業の板書

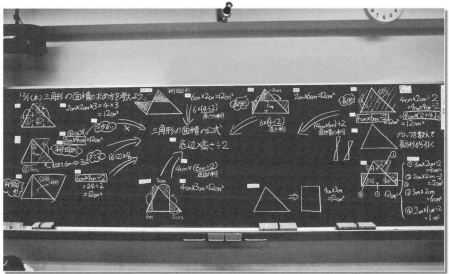

三角形の面積公式を考えた授業の板書

板書

授業のポイントを
しっかり押さえる消し方の技

POINT

- ●板書に子どもの名前を残すべし！
- ●板書の消し方を工夫するべし！

1 板書に子どもの名前を残す

　授業の最終板書を見て，だれがどのような考えを出したか振り返ることができるように，発言をした子どもや問題解決につながるキーワードをつぶやいた子どもの名前を，ネームプレートを使って板書に残します。

　板書に子どもの名前を残すことで，「○○さんがさっき言っていたことが使えるよ」と授業の中で自然と友だちの名前を使って説明する姿も増えていきます。

2 板書の消し方を工夫する

　普段，何気なく消している板書を，授業の最後に子どもたちと一緒に消していきます。

　「授業で大切だったことが残るように消していこう」
と，学んだことを確認しながら消していくことで，だんだんと授業で大切だったポイントだけが板書に残っていきます。最後まで残ったところがその授業の大切なポイントや考え方なので，その部分だけ改めてしっかり押さえ，まとめることができます。

（正　　拓也）

授業を振り返りながら子どもに板書を消させていきます

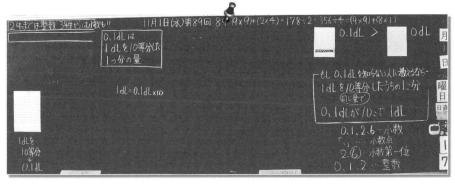

消していった板書を見ると，大切なポイントだけが残ります

ノート指導

最初から最後まで
ノートを大切に使わせる技

POINT

●ノートの最初のページに「はじめに」をつくるべし！
●最後のページには「おわりに」をつくるべし！

1 ノートの最初のページに「はじめに」をつくる

　ノートを大切に使うことは，学習の足跡を残すために重要なことです。また，大切にするという意識が低いと，ノート忘れが起きやすくなります。そこで，ノートを大切にするという価値観を伝えるために，新年度１冊目のノートの最初のページに「はじめに」のページを子どもの写真つきでつくります。自分だけの最初のページをつくることで，子どもたちは「ノートを大切に使おう」という意識になります。また，「はじめに」のページに「字を上手に書くね」「定規を使うね」といったクラスで大切にしたいルールを子どもたちと考えて記しておくことで，自然とルールを守ろうとします。

2 最後のページには「おわりに」をつくる

　ノートが１冊終わった際には，最後のページに「おわりに」をつくります。「おわりに」には，「このノートで学んだことで新しく知った言葉・考え方」「このノートで学んだことでもっと知りたいこと・やってみたいこと」「このノートでのおすすめ授業とそのポイント」などをまとめさせます。このページをつくる際に，今までの学習を振り返ることになります。

（正　　拓也）

52

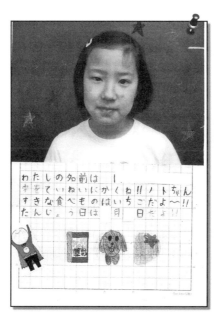

「はじめに」はノートに自己紹介をするような気持ちで書かせます

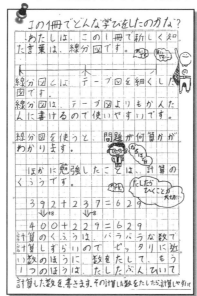

「おわりに」のページをつくることで，これまでの学びを振り返ります

第2章　今日から使える算数授業づくりの技60　53

ノート指導

振り返りがしやすくなる
ノートづくりの基本技

POINT

- 振り返りがしやすくなるルールを共有するべし！
- 思考の過程は消さずに残すことを徹底するべし！

1 振り返りがしやすくなるルールを共有する

　子どもにノートを書く必要感をもたせるには，困ったときノートを振り返ったら解決の手がかりを得られた，という経験をさせることです。そこでページをめくって前時までの学習を振り返っている子どもがいたら，それを大いにほめます。また，そういったとき役立つノートにするために，日付を必ず書くことはもちろん，「日付の横に授業回数を書く」「問題（課題）は青四角で囲む」「見開き2ページでまとめる」など，ある程度ルールを決めます。

2 思考の過程は消さずに残すことを徹底する

　仮に間違っていても，考えた過程や途中の計算は残す，というのも徹底したいノートづくりのルールです。ただし，その後の友だちとの交流や発表を想定して自分の考えを，相手意識をもってわかりやすく手直しさせ

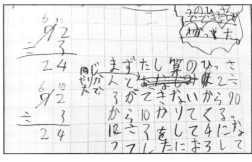

る時間をとることも，学級の実態によっては必要です。

（佐藤　憲由）

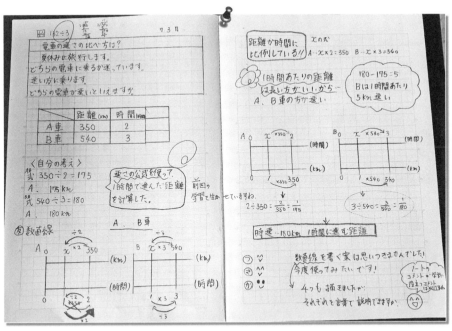

1時間を見開き2ページでまとめることがポイント

話し合いや発表で役に立つノートづくりも重要です

第2章 今日から使える算数授業づくりの技60　55

ノート指導

ノートに書くスピードを
アップさせる技

POINT

●板書とノートで競争をするべし！
●ゲーム的な要素を加えるべし！

1 板書とノートで競争をする

　「先生とどちらが速く書けるか勝負しよう！」と子どもたちに少し挑戦的な言葉を投げかけます。「先生が書かないと，僕らは書けないのだから負けるに決まってるよ」と大騒ぎしながらも，子どもたちはやる気満々です。

　では，どのように子どもたちに勝たせるか。「おまんじゅうが13個あります。9個食べました」と書かせたいとします。そうしたら，まずは「おまんじゅうが」と細かく区切ります。いきなり黒板に書くのではなく，口頭で読んだ後，やや遅れ気味に板書を始めます。それを最後まで細かく区切って続けていくことで，子どもたちに勝つチャンスを与えます。

2 ゲーム的な要素を加える

　さらに，黒板の上の方に「はやい」と書いて，上記のように短いセンテンスごとに「先生より速く書けた人？」と尋ねてみましょう。先生より速く書けた子は1ポイントです（正の字を書いて記録します）。これを数回やると，何も言わなくても，書けるところをどんどん先に書こうとするようになります。私のクラスでは，授業前に日付やナンバーを書いて待ち，問題を書いたら何も言われなくても赤で囲む子がほとんどです。

（前田　健太）

56

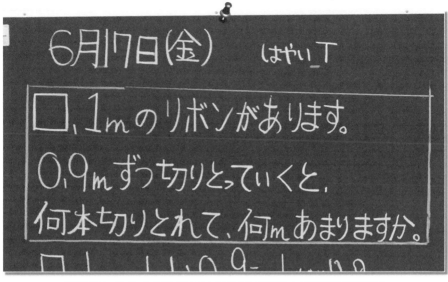

「はやい」ポイントをつくることで子どもたちもより真剣になります

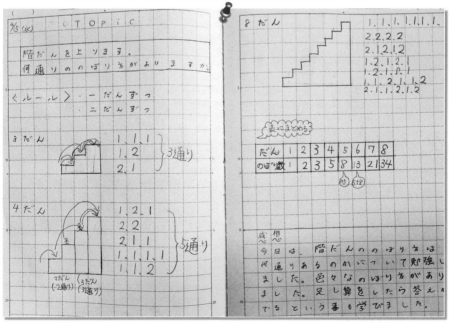

時にはきれいなノートを紹介し,「速く・きれいに」を目指します

> ノート指導

学習感想を
レベルアップさせる技

　●学習感想を書くタイミングや内容を指導するべし！
　●学習感想を授業の中で価値づけるべし！

1 学習感想を書くタイミングや内容を指導する

　子どもたちに学習感想を書かせる際のポイントは次の3つです。
①授業の最後とは限定せず，子どもたちが「なるほど」と感じた場面で「今の気持ちをメモしておいて」と声をかける。
②授業の最後に書くときは，板書とノートを見ながら授業の流れを振り返らせる。
③言葉だけでなく，図や式なども使って書かせる。

2 学習感想を授業の中で価値づける

　学習感想を書かせた際には，コメントを残したいものですが，クラス全員にコメントを書くのは時間的に難しいものです。そんなときは，価値のある言葉や感想に赤線を引いておくだけでも効果的です。

　また，授業の中で「こんな感想を書いている人がいたよ。〇〇さんの感想の〇〇のところが素敵だね」とクラスのみんなの前で価値づけます。さらに，友だち同士で学習感想を読み合う機会を設けると，どんなことに着目して書けばよいのか共有できるので，学習感想をレベルアップさせるには効果的です。

（正　拓也）

学習感想に赤線を引いて価値づけます

友だち同士で学習感想を共有する時間をつくります

ノート指導

ノートに自分の心の声を
表出させる技

POINT

● 「はてな？」「わかった！」をさっと書き記させるべし！
● ノートを価値づけ，書いてよかったと思わせるべし！

1 「はてな？」「わかった！」をさっと書き記させる

　子どもたちは授業の様々な場面で，心の中で「はてな？」「わかった！」
を繰り返しています。そこで，その心の声を随時ノートに書き記させます。
ポイントは，シンプルな心の声を，吹き出しを用いてさっと書き記させること，つまり，時間をあまりかけさせないことです。

　ノートに自分の心の声が残っていると，子どもは学びの軌跡を辿ることができるようになります。心の声を書き記していくことは，子どもに思考の振り返りを促したり，教師が子どもの理解を深めたりすることに役立ちます。

2 ノートを価値づけ，書いてよかったと思わせる

　書き記したことが自分やまわりのためになると，子どもは書いてよかったと思えるようになります。そこで，ノートのコピーを掲示します。子どもたちは授業では，気づかなかった友だちの考えを知ることができるうえ，友だちの学びの軌跡を見ることで学習内容を自然と思い出せるので，一石二鳥です。また，授業に入る前に，教師がチェックしてコメントを入れておいたノートを基に振り返りを行うのも有効です。どちらも地道に続けることが最大のポイントです。

（黒須　直之）

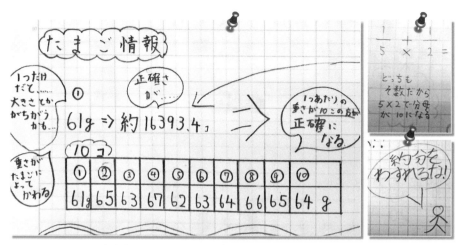

吹き出しを用いて，シンプルな心の声を書き記させます

子どもがいつも通る場所にノートのコピーを掲示します

学習環境

発表をスムーズにする
「算数言葉」活用の技

POINT

● 「算数言葉」を掲示するべし！
● 板書に「算数言葉」を残すべし！

1 「算数言葉」を掲示する

　発表が苦手な子どもでも，話し始めに使える「算数言葉」があると，スムーズに発表をすることができます。

　授業の基本的な展開の順に，「発見した！」「たとえば～」「だったら～」というような，話型とは違う簡単な「算数言葉」を掲示します。最低限の話を始めるための言葉なので，型にはまったような話ではなく，自分の言葉で話すことができます。また，「～のまとまり」や「～をもとにして」といった算数で大切にしたい言葉も一緒に掲示すると，発表や説明のレベルが上がっていきます。

2 板書に「算数言葉」を残す

　授業中に，子どもたちが「算数言葉」を使って発表した際には，その言葉を板書に残します。板書に「算数言葉」を残すことで，子どもたちはどのようにすればわかりやすく発表することができるのかを学びます。

　また，授業の最後に板書を見返しながら「ここで〇〇さんが，…という言葉を使って説明してくれてわかりやすかったね」と価値づけると，子どもたちはよりよい説明をしようと心がけるようになります。

（正　　拓也）

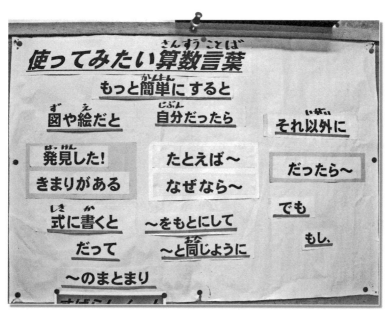

「使ってみたい算数言葉」と題し,発表をスムーズにする言葉を掲示します

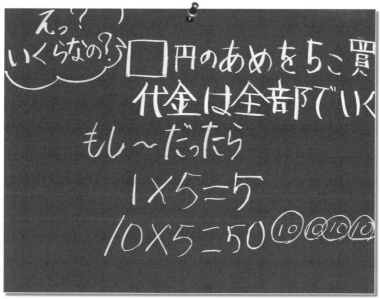

板書にも「もし〜だったら」という算数言葉を残しています

第2章　今日から使える算数授業づくりの技60　63

学習環境

学んだことを整理し，「視える化」する技

POINT

●単元で学んだことをポスターにまとめさせるべし！

●でき上がったポスターを教室に掲示するべし！

1 単元で学んだことをポスターにまとめさせる

単元の学習の最後に，単元で学んだことをポスターにします。子どもたちは，ポスターにするという目的を与えると，視覚的にわかりやすく学んだことをまとめようとします。言葉だけではなく，式や絵・図といったような表現を自然とポスター内に残す姿が増えていきます。また，自分より下の学年の子，隣のクラスの友だちなど「だれに向けたポスターなのか」を明確にすると，内容がより整理されます。

2 でき上がったポスターを教室に掲示する

子どもたちのポスターができ上がったら，教室に掲示をします。

子どもたちのつくったポスターを掲示するだけで，クラスの人数分の単元のまとめが教室に残ります。子どもたちは，友だちのポスターと自分のポスターを比べるなど，友だちと対話しながら学んだことの再確認をすることができます。また，単元のまとめをポスターにしているので，子どもたちが「どこまで理解しているのか」「つまずいているところはどこなのか」といった学習評価にも役立てることができます。

(正 　拓也)

学んだことを振り返りながらポスターづくりをします

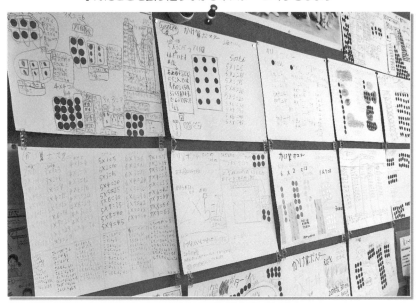

教室に掲示された子どもたちの「かけ算ポスター」

> 学習環境

ノートを通して自分や友だちの
学びを意識させる技

POINT

- ●ノートをつなげ，学びの積み重ねを視覚化するべし！
- ●ノート文庫をつくり友だちのノートを自由に読めるようにするべし！

1 ノートをつなげ，学びの積み重ねを視覚化する

　子どもたちの使っているノートをクリスタルテープでつなげます。つなげることで，ノートが増えても今までの学習を簡単に振り返ることができます。また，だんだんと増えていくノートが，子どもたちの「ノートを書きたい！」という意欲につながります。クリスタル（透明）テープでつなげているため，背表紙で何冊かがすぐにわかり，自分の学びが着実に積み重なっていることを実感できます。

2 ノート文庫をつくり友だちのノートを自由に読めるようにする

　教室の中に，子どもたちが算数の授業でこれまで使ったノートを置いた「ノート文庫」をつくります。ノート文庫のノートは，「書いてあることに悪口を言わない」「友だちの大切なノートなのでていねいに読む」「読むときは許可をもらってから読む」といったルールで，休み時間などに学級文庫の本と同じように読んでいいことにします。すると，自然と上手に書いている子の真似をしたり，だれが読んでもわかるように普段の授業からていねいにノートを書こうと心掛けたりするようになります。

（正　　拓也）

透明なテープでノートの背をつなげると何冊目なのかすぐにわかります

友だちのノートをノート文庫から選ぶ子どもたち

学習環境

教室の中で
算数に親しませる技

POINT

●普段使うものを工夫するべし！
●雨の日の遊びを有効利用するべし！

1 普段使うものを工夫する

　毎日よく目にするものにひと工夫して，算数が苦手な子どもでも楽しんで学ぶことができるようにしていきます。例えば，1年生の時計の学習では，アナログ時計の「分」の読み方に苦労する子どもがいます。そこで，読み方に慣れるまで時間を示す数字を画用紙に書いてラミネートして貼ります。安心して時計が読めるようになり，普段から時計を見る習慣もつきます。高学年では，分数の紙を貼って，$\frac{1}{2}$時間などを意識させることもできます。

2 雨の日の遊びを有効利用する

　晴れた日は元気に外で遊ぶことができますが，雨が降ると，子どもたちは教室の中で過ごさなくてはならなくなります。そこで，雨の日の教室遊びの機会を利用して，子どもが算数好きになるような工夫をします。例えば，遊び道具の中に積み木やブロックなど，数字遊びや形遊びができる道具を入れておいて，子どもたちが楽しみながら数感覚や図形感覚を身につけていけるようにします。他にも，算数のおもしろい問題を用意し，「算数謎解きコーナー」をつくって，みんなで解き合ってみるのもよいでしょう。

（大野　詩歩）

子どもが常に目にしている時計にひと工夫

数字遊びや形遊びができる道具をさりげなく入れておきます

第2章 今日から使える算数授業づくりの技60　69

学習環境

算数的な感覚を
豊かにする技

POINT

●実物大のものを経験させるべし！
●数学的な美しさを感じられるものを掲示するべし！

1 実物大のものを経験させる

　量について知識として学習するだけでは，量感覚はなかなか身につきません。そこで，実物大のものに触れる機会を設けていくことで，量感覚を豊かにします。右ページ上の写真は，床に直径2m（半径1m）の円を貼り出したものです。実際に半径1mの円をつくることで，その面積（3.14m^2）の広さや，直径や円周の長さを視覚的に伝えています。実際に乗ってみたり，1m^{2}の正方形と面積を比べてみたりすることもできます。踏んでも大丈夫なようにビニールシートを敷いて貼ると長持ちします。

2 数学的な美しさを感じられるものを掲示する

　グラフや表を掲示すると，授業の中で感じたグラフや表の美しさを視覚的に残すことができます。例えば，6年生の反比例では，同じ面積の長方形の縦と横の長さの関係を考えます。このとき，様々な色の画用紙を利用して同じ面積の長方形をつくります。実際につくった長方形を重ねて提示することでグラフのように表現され，変化の様子やその美しさも感じることができます。これを，教室や昇降口前の壁に掲示しておくと，いつでも見ることができ，グラフの学習ともつなげていくことができます。

（大野　詩歩）

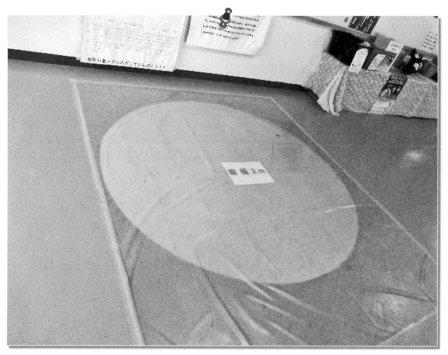

直径2mの円を床につくることで,実際の面積を体感させます

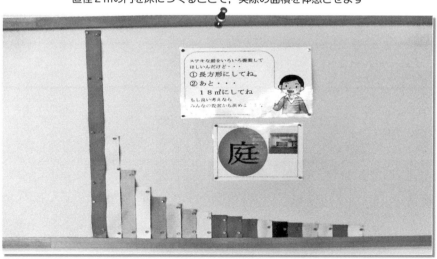

一つひとつ色違いの画用紙でつくります

第2章 今日から使える算数授業づくりの技60

> 問題提示

比較することで
問題解決の意欲を高める技

POINT

●似て非なるものの大小を考えさせるべし！

●変わらないことがわかったときの感動を経験させるべし！

　２つのものを比較して，どちらが大きいか，長いか，広いかを考える問題は，「どちらかはっきりさせたい」という問題解決の意欲を高めます。

　答えが一意になる問題を解くのとは違い，多くの手がかりがあり，おもしろさを感じる子どもが多いようです。

1 似て非なるものの大小を考えさせる

　３年生のかけ算の筆算の単元末に出すような問題です。

> 20×20 と 21×19，答えはどちらが大きいでしょう。

　比較の問題では，まず直観的に予想させることが大切です。この問題では，実際の授業では「同じ」に手をあげる子どもが多数でした。

　しかし，ある子どもが言いました。「一の位同士のかけ算をすると，一方は $0 \times 0 = 0$，もう一方は $1 \times 9 = 9$，だから答えの一の位が異なるので，同じはあり得ない」と。

　計算すると，$20 \times 20 = 400$，$21 \times 19 = 399$ で１違いです。次に，30×30 と 31×29 ではどちらが大きいかを問うたらどうでしょうか。計算すると $30 \times 30 = 900$，$31 \times 29 = 899$ です。また答えが１違いになることに気づくでしょう。そ

72

うすると，今度は自分たちで式をつくって調べたくなります。
　また，次のような比較の問題があります。

> 　２つの店で同じ洋服を売っています。どちらの方が安いでしょうか。
> Ａ店…3000円の洋服に８％の消費税をかけその額の２割引きで売る。
> Ｂ店…3000円の洋服を２割引きにし，その額に８％の消費税をかけて売る。

　この問題を解決するために，立式しました。
　Ａ店…3000×1.08×0.8　　Ｂ店…3000×0.8×1.08
　この２つの式を見ると，多くの子どもが気づきます。1.08×0.8を0.8×1.08にしても交換法則が成り立ち，答えは変わりません。
　ねらいは，割合の問題について立式できることと，交換法則を基に式で同じと判断できることです。

2 変わらないことがわかったときの感動を経験させる

　どんな四角形でも内角の和は変わりません。どんな三角形でも底辺と高さが等しければ面積は変わりません。しかし，そのことを知らない子どもに，あえて比較の問題にして出すのです。変わらないことがわかったときの子どもの感動を一緒に楽しみましょう。

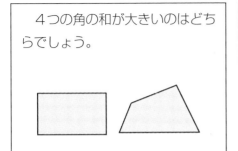

４つの角の和が大きいのはどちらでしょう。

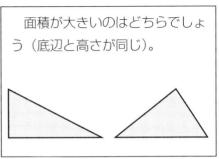

面積が大きいのはどちらでしょう（底辺と高さが同じ）。

（盛山　隆雄）

> 問題提示

マスキングによって
問題に主体的に働きかけさせる技

POINT

- ●□に当てはめる数値は子どもに選ばせるべし！
- ●数値だけでなく条件文も考えさせるべし！

　文章題の数値を□にして，その□に当てはめる数を子どもに選ばせたり，考えさせたりして問題をつくります。そのねらいは，易しい問題（既習）から難しい問題（未習）へという流れをつくるためです。また，数値を変更させることで，発展的に考えたり，一般化したりするためです。数学的な考え方を経験させることができるのも，このマスキングの特徴です。

1 □に当てはめる数値は子どもに選ばせる

　5年生の小数のかけ算の導入で，次のように問題を提示します。

> 　1 mが80円のリボンがあります。□mの代金はいくらですか。

この問題を提示して，次のように発問します。
「□にどんな数を当てはめて考えてみたいですか？」
　当然，子どもは簡単に答えが出せる数値から考えるでしょう。例えば，次のような数値を考えると思います。
　1，2，3，0.1，0.5，1.5，2.5
　整数値から小数値まで並びます。整数値は既習ですから，まずは簡単な整数値を当てはめて立式の根拠を確認します。

２ｍの場合は，長さが２倍になるから値段も２倍になるので80×２＝160という立式ができます。

　もしも1.5ｍであれば，同じような理由で80×1.5という立式になります。計算の仕方は，いろいろ工夫できます。0.5ｍは１ｍの半分ですから，80÷２＋80＝120という方法があります。また，1.5ｍは３ｍの半分と見て80×３÷２＝120という方法もあります。1.5ｍを15ｍの$\frac{1}{10}$と見て，80×15÷10＝120という方法は，80×1.5の筆算の方法に結びつく考えになります。

2 数値だけでなく条件文を考えさせる

　次のようなマスキングもあります。これは，５年生の割合の授業です。

> 　１本250円のペンを　　　　　　　　　の値段で買いました。
> 代金はいくらでしょう。

　この□に当てはまる条件を考えさせます。しかし，このまま聞いてもどんな条件を当てはめてよいのかわからないので，例えば　30円引き　のようなカードを用意します。このカードを当てはめてみせて，全員に考えさせます。250－30＝220と全員が答えを導くことができるでしょう。

　あとは，その他にどんな条件が考えられるか30に続く言葉を自由に考えさせます。　30

　例えば，次のような考えが出るでしょう。
・30円増し　・30倍　・30％　・30％増し　・30年前 (笑)

　前時に基準量の□％の値を求める学習をしているので30％は出ます。本時は「30％引き」や「30％増し」について考えることがねらいです。30％と30％引きの違いを意識させることが大切になります。　　　　　（盛山　隆雄）

第２章　今日から使える算数授業づくりの技60　75

> 問題提示

問題文を読みやすくしたり，問題を解決しやすくしたりする技

POINT
- 関係を尋ねたり，小さい数値でイメージをもたせたりするべし！
- 問題を条件不足にしたり，条件過多にしたりするべし！

　算数では，問題文を書いたら「大切なところに線を引きましょう」「聞いているところに線を引きましょう」「図をかいてみましょう」「式をかきましょう」といった指導がされます。

　しかし，問題文を書いた後の指導のバリエーションをもっと増やすべきです。子どもが問題文をよりよく読めるように，または解決がよりよくできるようにするための工夫を紹介します。

1 関係を尋ねたり，小さい数値でイメージをもたせたりする

次のような1年生の問題があったとします。

> りんごが8こあります。
> みかんはりんごより5こおおいです。
> みかんのかずはいくつでしょう。

この問題では，つぎのような図をかいてしまう子どもが多くいます。

みかんの数を5個にしてしまうのです。

そこで，最初に次のように問います。

「りんごとみかんはどちらが多いですか？」

りんごとみかんの大小関係を尋ねるのです。これを最初に確認することによって，左ページの図のような間違いを防ぎます。

また，問題文の一部を「みかんはりんごより□こおおいです」という文章にしておいて，「□がどんな数だったら，答えがわかりやすい？」と聞くことができます。たいていの場合，子どもは１個，２個といった小さい数を入れようとします。小さい数でイメージをつくっておいてから，本題の「５こおおい」の条件で問題解決に挑むのです。

2 問題を条件不足にしたり，条件過多にしたりする

次のような問題にしたらどうでしょうか。

①
りんごが８こあります。 さくらんぼが４こあります。 みかんはりんごより ５こおおいです。 みかんのかずはいくつでしょう。

②
みかんはりんごより ５こおおいです。 みかんのかずはいくつでしょう。

①の問題は，情報過多の問題です。子どもが「さくらんぼの数は関係ないでしょう！」と言ったら，よくわかっているということになります。このような問題こそ，「大切なところに線を引いてみよう」という指示が意味をもつことになります。必要な数値しかない問題文だと，数値が出ているところすべてに線を引けばよいわけですから。

②の問題は，情報不足の問題です。子どもが「りんごの数がわからないと解けないよ！」と言ってくれたら，問題がよく読めているということになります。

（盛山　隆雄）

第２章　今日から使える算数授業づくりの技60　77

> 問題提示

情報を隠すことで
「見方・考え方」を働かせる技

POINT

●答えが見えないようにするべし！

●一部を見せ，見えない部分を想像させるべし！

　教科書では考え方や答えがていねいに解説されています。しかし，最初にそれを見ると問題解決の意味がなくなってしまいます。そこで，挿絵や図を提示するものの，答えが見えないように隠すという手があります。

　隠すことによって，子どもは見たくなります。知りたくなります。そんなわくわく感を出すことが１つの目的です。

　もう１つは，見える部分の情報を基に，隠されて見えない部分を想像させることができます。このときに働く子どもたちの見方・考え方が，ねらいに迫るものになっていれば授業は成功です。

1 答えが見えないようにする

　１年生の繰り下がりのあるひき算の問題提示の場面です。

> 　リンゴの木があります。（リンゴがなっている木を２本見せる）
> 　夜になりました。（２本の木を模造紙で隠す）
> 　嵐が来ました（模造紙の中に手を入れてリンゴを３個落とす）
> 　朝が来たら，リンゴは何個なっているでしょうか。
> 　（模造紙を取る前に，なっているリンゴの数を考えさせる）

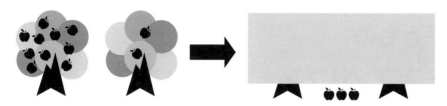

　このように問題を提示すると，答えは見えませんから，子どもたちは本気になって考え始めます。はじめにいくつリンゴがなっていたのか，嵐が来た時に何個リンゴが落ちたのか，といった情報が知りたくなります。そういった条件を確実に知ったうえで，12－3の計算の仕方について考えます。

　実は，この問題提示には，他にもしかけがありました。1本の木には10個，もう1本の木には2個のリンゴをつけておきます。

　それらから3個落とすときには，まず2個なっている木から2個すべて落とし，10個なっている木から1個落としました。

　この取り方は，12－3の計算の仕方として，12を10と2に分けて，2－2＝0，10－1＝9，という減々法を表しているのです。

2 一部を見せ，見えない部分を想像させる

　4年生での複合図形の面積の学習の問題提示です。

　面積を求める図形を封筒から少しずつ出して見せます。子どもは長方形だと思って，縦の長さと横の長さがわかれば面積が求められると言うでしょう。

　しかし，出していくとL字型の図形とわかります。いったん長方形をイメージしたので，大きな長方形から欠けているところの長方形を引く考えを出しやすくなります。

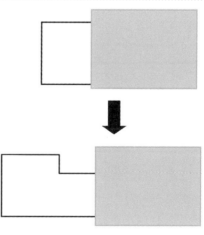

（盛山　隆雄）

問題提示

子どもの
ミスコンセプションを生かす技

POINT

- ●子どもの思い込みを生かすべし！
- ●ミスコンセプションを乗り越える術を用意しておくべし！

　ミスコンセプションとは，子どもが経験的にもつ思い込みや既習を基に想起する間違ったイメージのことです。誤概念とも言います。
　子どもには，正しいコンセプション（概念）を身につけさせる必要がありますが，時には子どもの間違いを生かして，「なぜ？」といった問いをつくり，問題解決を盛り上げることが大切です。
　ミスコンセプションを乗り越えて正しいコンセプションにたどり着くといったプロセスは，深い理解をつくります。

1 子どもの思い込みを生かす

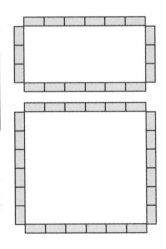

　18個のブロックを使って花壇をつくりました。花壇の面積を2倍にしたいと思います。ブロックはいくつ必要でしょうか。

　このとき，「面積を2倍にするのだからブロックの数も2倍の36個必要だ」と思うのがミスコンセプションです。まわりの長さと面積に比例関係があるというイメージをもっているのです。

80

しかし，実際に作業をしてみると，そうはなりません。たったの6個増やして24個のブロックで面積は2倍になります。まわりの長さと面積に関係はないことを学びながら，面積の学習の理解を深めることができます。

2 ミスコンセプションを乗り越える術を用意しておく

5年生の単位量当たりの大きさの問題です。

> 4m²のエレベーターに3人，6m²のエレベーターに5人乗っています。どちらが混んでいると言えますか。

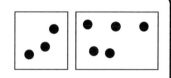

このような問題を出したら，多くの子どもたちが右図のように1m²の枠をかいて，その中に1人ずつ入れました。その結果「どちらも1m²余るから混み具合は同じです」と理由を述べました。これは，4－3＝1，6－5＝1と差で比較しているミスコンセプションです。

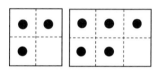

これを乗り越えるのは，次のように特殊な場面をつくって考えさせることが必要です。

「同じ混み具合を他のエレベーターでつくってみよう」
と投げかけます。例えば，右図のように2m²のエレベーターならば人の数は1人になりますが，1m²ならば0人？　と変なことが起こります。このときに，

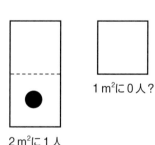

2m²に1人　　1m²に0人？

「1人で2m²は，1人分の面積が広いよね」
と1人当たりの面積に目をつける子どもが現れました。その見方を基に，4m²と6m²のエレベーターも分析しました。「1人当たりの面積」という正しい見方で考察したのです。

（盛山　隆雄）

> 問題提示

計算練習が劇的に
楽しくなる技

POINT

●問題構成にしかけをするべし！
●□を使って問題をアレンジするべし！

1 問題構成にしかけをする

　算数には，かけ算九九など，習熟を図らなければならないことが多くあります。しかし，それがひたすら計算問題を解くだけの時間になってしまい，子どもたちが退屈してしまっていないでしょうか。

　そんなときには，計算していくとなんらかのきまりが見つかるような問題構成にすることがおすすめです。最初はただ問題を解いていた子どもたちも，実は大きな謎があるとわかると，目の輝きが変わります。算数的なきまりの方がもちろんよいのですが，例えば，色塗りをしていくと絵が現れたり，答えが誕生日になったりするようなものでもまずはよいでしょう。

2 □を使って問題をアレンジする

　普通の問題も，具体的な数字を□にするだけで，子どもたちが俄然やる気になります。オープンエンドの問題になることで，多様な考えが許容されるようになるのです。すると，計算が苦手な子も自分がわかったものでまずは授業に参加できるというよさがあります。

　さらに1と関連して，□にすることで謎を生むこともできます。

❶2桁×1桁，2桁×2桁の習熟
①2～9のうち好きな数を言わせる。
②37×(3×□)を計算させる(□は好きな数)。
③好きな数がゾロ目になって登場！

　例えば，ある子の好きな数が「4」だったとすると，37×(3×4)＝444と，答えに好きな数4が3つ並びます。
　37×3＝111であるため，37×(3×好きな数)をするということは，結局は111×好きな数をしていることと同じです。好きな数に1を入れるとしかけがすぐにわかるので，それを避けるのが指導のポイントです。

❷繰り下がりのあるひき算の習熟
　「1□－□＝8」となるように□にあてはまる数を求めます。

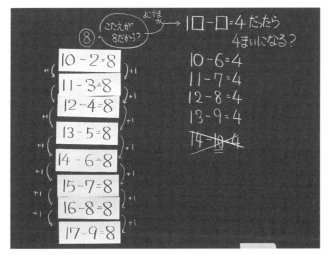

　試行錯誤の段階で多くの計算をするとともに，途中でひかれる数が1増えると，ひく数も1増えることがわかってきます。さらに，8の答えとなるカードが8通りあることから，答えが4となるものは4通りではないかという類推がなされるなど，いくつかの謎を生むことができます。

(前田　健太)

自力解決

手が止まっている子どもに
考えるきっかけをもたせる技

POINT

●解くためのヒントを言わせるべし！
●答えや考え方を説明させないよう注意するべし！

　多くの子どもの手が止まってしまっているときは，わかっている子どもに
ヒントを出させます。「○○を使ってみるとよい」とか「△△と比べるとよ
い」など，問題を解決するための着眼点を言わせるのです。そうすると，な
かなか手をつけられなかった子どもたちの手が動き始めます。

1 解くためのヒントを言わせる

　問題を把握しているときや，自力解決中の子どもの様子を見ていると，
「このままでは解けないな」と感じることがあります。そんなときは，

だれかヒントを言える人いますか？

と，学級全体に投げかけます。すると，自分が考えた解決法の着眼点を提示
してくれる子どもが出てきます。

　右ページの写真は，6年生の円の面積の導入で，ヒントを言わせた後の板
書です。問題を提示してすぐに自力解決に入ろうとしましたが，子どもの様
子を見ていると，すぐには考えることができなさそうでした。そこで，「今
までの学習で使えそうなものはあるかな？」と問いかけ，ヒントを言っても
らいました。すると，「長方形や平行四辺形，台形などの面積の求め方を学

84

習したときの考え方が使えるのではないか」というヒントが出ました。その結果，多くの子どもが自力解決に向かうことができるようになりました。

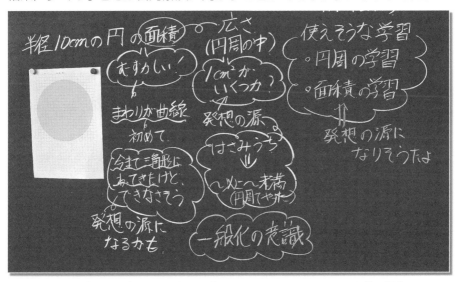

円の面積の求め方を考える授業の導入で，ヒントを言ってもらった後の板書

2 答えや考え方は説明させない

　この技で注意したいのは，あくまでヒントを言わせるということです。最初は，いきなり答えを言ってしまったり，考え方を説明してしまったりする子どももいます。そういった場合は，「それだと，他の人が考えるチャンスがなくなってしまうから，『こういうところに着目するといいよ』とか，『前の〇〇の学習で使った考え方を使うといいよ』とか言ってくれないかな」と指導します。

> ヒントは，みんなが考えるためのきっかけだよ。

　この言葉を伝えていくことで，ヒントの出し方もわかってくるようになります。

（加固希支男）

自力解決

小集団での学び合い活動で
「困るだけの時間」を解消する技

POINT

●小集団での学び合い活動を行うべし！
●自力解決の仕方を身につけられるように支援するべし！

　算数の楽しさは，「あっ，わかった！」というあの瞬間です。逆に，どう解いてよいのかわからず，解決の見通しがもてない状態が一番苦しいものです。自力解決に入ったとき，見通しがもてずにじっと我慢している子をいかに減らすかということが，算数の授業を楽しくするポイントです。

1 小集団での学び合い活動を行う

　課題を提示し終えたところで全員が見通しをもてることが理想ですが，なかなかそうはいきません。そこで，考える時間をしばらく与えたところで，

　まだ見通しがもてない人は，一緒に考えよう。

と声をかけ，つまずいている子たちを黒板前に集めます。

　まったくわからない状態で長く時間を与えられても，何もできません。そうした「困るだけの時間」はむだな時間です。また，机間指導という方法もありますが，順に見ていくと，最後の方の子にとって「放っておかれる時間」が長くなります。どれくらいの時間で声をかけるかは学級の実態によりますが，子どもたちの意欲がなくなる前に，一緒に見通しを立てましょう。

　ここで行うのは，基本的に教師が発問をし，子どもたちが答えたり話し合

ったりするという形態の学び合い指導です。見通しが立った子から自由に抜けて自席に戻ってよいというルールも大切です。

　話し合っていると「あっ，わかった！」とうれしそうな顔をして次々に戻っていきます。見通しをもってからが，本当の自力解決の時間です。

2 自力解決の仕方を身につけられるように支援する

　小集団の学び合いをするときは，支援を通して「自力解決のできる子に育てる」という意識が必要です。自力解決できる子というのは，課題に向かったとき，解決のカギとなる既習事項を想起できる子です。したがって，

> 習ったことを使って答えを出せないかな？
> 習った形に直せないかな？

といった教師の投げかけがポイントになってきます。

【例1　80×1.2の計算】

T　習っていない部分はどこかな？　　　　C　かける数が小数です。

T　かける数が整数なら計算できるかな？　C　80×12ならできます。

T　80×12の答え960から80×1.2の答えを求められないかな？…（略）

【例2　三角形の面積】

T　困っていることは何かな？　　　　　　C　三角形の公式は知りません。

T　平行四辺形のときはどうした？　　　　C　長方形に直しました。

T　なんで長方形に直したの？　　　　　　C　面積を求められる形だからです。

T　今回も面積を求められる形に直せばいいんだね。…（略）

　このように，既習事項を生かすことを意識して発問していくようにします。その1問を解くためのヒントを与えるのではなく，これから先の算数でずっと使える「既習事項を生かす思考の仕方」を身につけられるように支援していきましょう。

（鶴岡　武臣）

> 自力解決

子どもの学力差を埋める技

POINT

●子どもの困り感を共有し，課題を焦点化するべし！
●自力解決は小刻みに設定するべし！

　算数は，系統性が強く，答えが明確に出る教科です。従って，正解と誤答がはっきり区別されます。そのため，算数では，幅広い学力差に応じた授業が求められます。そこで，「自力解決に入るタイミング」「自力解決の回数」に着目し，子どもたちの学力差を埋める技を紹介します。思考の広がりや深まりの差をそろえ，全員で問題解決を目指していきます。

1 子どもの困り感を共有し，課題を焦点化する

　問題文を提示してすぐに自力解決に入ると，算数の苦手な子は手がつけられません。そこで，課題把握の際には，子どもたちが「問題を解けそうだ！」と感じるまでは，自力解決に入らないように心がけます。

　そのためには，子どもがつまずいていることに耳を傾け，そのときの困り感を引き出し，既習事項との違いを基にして，課題を焦点化していきます。

今，「困っていること」や「わからないこと」はありますか？

　4年生のL字型の面積の求め方の授業を例にして考えてみます。L字型の図形を提示し，すぐに自力解決に入ると手がつけられない子が出てきます。そこで，右の写真のように，子どもから「L字型の形のままでは面積が求め

88

られない」という気持ちを引き出し，「自分たちが知っている正方形や長方形に形を変えられないか」という課題に焦点化していきます。課題を焦点化し，問題解決の見通しが立ったところで，自力解決に入ります。自力解決は，子どもが動き出せそうな瞬間を見逃さないようにすることが大切です。

子どもの困り感を共有し，課題を焦点化します

2 自力解決は小刻みに設定する

　算数の苦手な子は，問題の解き方がわからないとき，自力解決の時間が終わることをじっと待つしかありません。一方，算数の得意な子も，問題を解き終わると，時間を持て余してしまい，待つことになります。
　そこで，自力解決を短時間かつ小刻みに設定します。

> ○○さんの気持ちがわかるかな？　どんなヒントが出せますか？

　自力解決の時間を3～5分程度にし，小刻みに行います。小刻みに自力解決を設定することで，子どもたちの思考の広がりや深まりの差をそろえることができます。自力解決後，解決の糸口がつかめていない子がいたら，他の子どもたちに「○○さんの気持ちがわかるかな？」「どんなヒントが出せるかな？」など投げかけ，1人のつまずきに全員で寄り添うようにしていきます。そして，解決の見通しが立ったところで，再び自力解決の時間を設定します。自力解決の時間や回数は，学習内容によって柔軟に設定するとよいでしょう。

（沖野谷英貞）

自力解決

答えを出した子どもが
時間を持て余さないようにする技

POINT

●他の解き方でもできるか考えさせるべし！
●様々な解き方があることを経験させるべし！

　自力解決中に「答えが出たらどうすればいいですか？」と聞いてくる子どもがいます。そういった場合は，「1つ解き方を考えられたら，他の解き方も考えてごらん」と伝えます。この声かけは「算数は，答えは同じでも，いろいろな解き方がある」という考え方も育てることにつながっていきます。

1 他の解き方でもできるか考えさせる

　答えが出て終わりにしない意識をつけさせたいものです。その第一歩として，答えが出て何もしていない子どもを見つけたら，

　他の解き方も考えてごらん。

と，声をかけます。
　答えを出した解き方だけでなく，他の解き方も考えさせることを続けていくと，「答えを出して終わり」とする子どもが少なくなります。そうすると，自力解決中に時間を持て余す子どもが減るだけでなく，「算数は，答えは同じでも，いろいろな解き方がある」という考え方を養うこともできます。
　その前提として，「どうやって答えを出したのか」を考える習慣をつけさせることが大切です。自力解決中に，式と答えだけをノートに書くのではな

く，図や言葉を使って解き方を書くことができるように指導していきます。

2 様々な解き方があることを経験させる

「他の解き方も考えよう」と子どもに思わせるためには，日々の授業で，いろいろな解き方を考える意義に触れさせることが大切です。そのために，いろいろな解き方を出しっぱなしにせず，共通点について考えさせるのです。

> 解き方は違うけれど，考え方として同じところはどこかな？

「考え方が違う」と思っていた解き方も，見方によっては「同じ考え方」と見ることができます。下の写真は，5年生の平行四辺形の面積の求め方を考えたときの板書です。いろいろな求め方が出ましたが，「面積の求め方を知っている長方形に直す」という考え方が共通していることを発見しました。こうやって，いろいろな解き方を考えることの意義を感じさせていくのです。

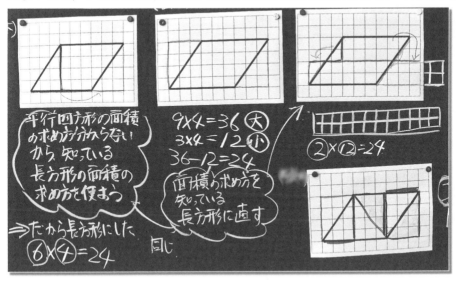

平行四辺形の面積のいろいろな求め方から，共通点をまとめていった授業の板書

(加固希支男)

自力解決

自分の解き方を
整理させる技

POINT

- ●解き方にラベルをつけて整理させるべし！
- ●解き方に自分なりのナンバーをつけさせるべし！

　子どもが算数の授業を「おもしろい」と感じられるようになると，1つの課題に対していくつもの解き方が出てきます。歓迎すべきことですが，検討する事柄が広がりすぎて，「何がわかったのか」ということがはっきりしなくなるという問題も起こってきます。

　そこで，自力解決時に余裕のある子に対しては，考え方を整理する習慣をつけさせることをおすすめします。

1 解き方にラベルをつけて整理させる

　ノートにいくつも解き方を書いていても，その基となる考え方は同じものだったりします。子どもの中には，できるだけたくさんの解き方を書くことに全エネルギーを注ぐ子がいますが，自力解決の最後には，視点をもって解き方を比較・整理させましょう。いくつも解き方が書ける子には，

> いくつか解き方が書けたら，整理してラベルをつけてみよう。

と声をかけます。

　ラベルというのは，「1つ分を求める」「10倍して考える」「長方形に直す」などの短い言葉です。

まず，自分のノートに書いた解き方を比べ，同じ考え方と言えるものを見つけさせます。そして，その共通している考え方を一言で表現して，それぞれに同じラベルを書き足させるのです。

ラベルをつけることで，それぞれの考え方の共通点や相違点がはっきりと見えるようになります。

2 解き方に自分なりのナンバーをつけさせる

いくつも解き方が書ける子にかける言葉の2つめは，以下の通りです。

> 考え方に自分なりのナンバー（順位）をつけてみよう。

いくつかの解き方を視点に沿って見直すという点では，前述のラベリングと同じです。

「自分なりの」としているのは，人によって何をよい解き方とするのかが違うからです。「計算式が少なくて済む」「整数の計算だけで答えが出る」「だれにとってもわかりやすい」「いつでも使える」など，いろいろあります。何が正解ということはありませんが，ナンバーを決めようとする過程で，それぞれの解き方の価値について吟味し，明確に意識することになります。「こっちの方がいい」と言った後には，「なぜかというと…」という言葉が続くからです。

もちろん，自力解決時にラベリングやナンバリングできない子がいても問題ありません。全体検討の中で，すべての子どもたちに考え方を整理する過程を身につけさせていきましょう。

このように，考え方を整理して引き出しにきちんとしまっておくことで，新しい問題に出合ったとき，必要なアイデアがスムーズに引き出せるようになるのです。

（鶴岡　武臣）

> 練り上げ

クラス全体の聞く力を伸ばす技

POINT

●聞いている人を意識して説明させるべし！
●説明の途中で「言っていることわかるかな？」と確認するべし！

　説明している子どもが理解しているかどうかはわかるけれど，聞いている子どもが理解しているか不安に思うことはありませんか？　授業は，聞き手を育てることが大切です。聞き手を育てることで，クラス全体を成長させることができます。

1 聞いている人を意識して説明させる

　集団検討をする際，子どもを黒板の前に呼んで自分の考えを説明させることが多いですが，説明している子どもは「だれに説明しているのか」という聞いている人への意識が薄いことがあります。黒板に向かって説明していたり，先生に向けて話したりしてしまうのです。

　授業は，様々な意見に触れ，自分１人では考えられなかったことを知り，みんなで新しいことを発見することに価値があります。そのためには，説明している子に聞いている人への意識をもたせる必要があります。そこで，

> みんなに向けて説明しよう。

と，説明している子どもに声かけをするとよいでしょう。

　しかし，すぐにはできるようになりません。したがって，何度も繰り返す

94

ことで，「全員で授業をつくっていくんだ」という意識を育てていきます。

2 説明の途中で「言っていることわかるかな？」と確認する

　説明している子どもが，聞いている子どもに向かって説明していたとしても，聞いている子どもに聞こうという意識がなければ，せっかくの説明もむだになってしまいます。

　そこで，教師は聞いている子どもの様子を観察します。表情を見ていると，あまり理解できていない子どもや，興味が薄れてしまっている子どもがいることに気づきます。そういう子どもに声をかけながら，説明している子どもの声に耳を傾けさせていくのです。そして，

　言っていることわかるかな？

と，聞いている子どもに声をかけていくのです。

　説明している子どもが，聞いている子どもの理解度まで意識しながら説明するのは難しいものです。もちろん，聞いている子どもの理解度を意識しながら説明できるようにすることを目指すのですが，そのためには，教師が「○○さんが言っていることわかるかな？」と声をかけていく姿を見せていくことが大事なのです。

　この声かけを続けていくと，聞いている子どもも，「わからない」と言うタイミングをもちやすくなります。また，少しずつ説明を受けることができるので，授業への参加意識を保ちやすくなります。聞いている子どもが「わかる」というのであれば，その子に再度説明させるのもよいでしょう。そうすると，本当に理解しているかどうかが確認できます。

　こういったことを続けていると，「理解できるようにしっかり聞こう」という意識が根づき，クラス全体の授業への参加意識が高まります。

（加固希支男）

第2章　今日から使える算数授業づくりの技60　95

練り上げ

説明する力を伸ばす技

POINT
- わかるところまででよいので，みんなの前で説明させるべし！
- 自分の考えを説明することの価値を伝えるべし！

　練り上げの際，みんなの前に出て説明できる子どもが決まってしまうと，どうしても一部のわかった子どもだけで進む授業になってしまいます。その状況を打破し，さらに一人ひとりの説明する力を伸ばしていくにはどうしたらよいでしょうか。

1 わかるところまででよいので，みんなの前で説明させる

　自ら手をあげて説明できる子どもが少ないため，だんだんと聞いているだけの子どもが多くなってしまう。そんなときは，手をあげていない子どもも指名し，説明をしてもらうとよいでしょう。最初は「わかりません」と言って説明したがらない子どもも多いでしょう。

　そんなときは，

> 先生と一緒に説明してみよう。

と声をかけ，まずはみんなの前に出てもらいます。「わかりません」と言っていた子どもも，多くは自分なりの考えをもっています。うまく説明する自信がないのです。その背中を押してあげるというわけです。

　途中までしか説明できなかったとしても，「途中まででも，自分の言葉で

説明できてすばらしい！」とほめ，自信をもたせます。

　大事なのは，自分の考えをみんなの前で説明するという体験を積ませることなのです。

2 自分の考えを説明することの価値を伝える

　みんなの前で説明したことをほめたとしても，そもそも「なぜ，みんなの前で説明することがよいことなのか」ということを子どもが理解していなければ，教師が言っていることをやらされているだけになってしまいます。ですから，子どもにとってプラスになることは何かを理解させる必要があります。

みんなに説明することで，自分が本当にわかっているかがわかります。

　この一言がとても重要です。

　自分では「合っている」と思っていることも，みんなに説明すると，思わぬ反応が返ってくることもあります。このように，「合っている」「違っている」等の反応をもらうことだけでも意味があります。もし，自分の考えを人に伝えなければ，いつまで経っても自己満足の範囲を出ることはできないからです。

　また，自分の考えを説明することは，自分自身の力を高めることに直結します。自分の考えを人に伝えることで，自分では考えつかなかった別の見方や考え方にも触れることができ，自分が本当にわかっているかがわかるのです。

　みんなに説明するときに失敗はつきものですが，説明することの価値を理解できるようになると，子どもたちは少しずつ失敗を恐れなくなり，抵抗がなくなっていきます。

（加固希支男）

苦手な子を
授業の流れに乗せる技

POINT

- 必ず全員に立場を決めさせるべし！
- 「なんとなく」の裏にある理由を問うべし！

　練り上げの時間，得意な子に任せて，苦手な子が何もせずに過ごしていることに悩まれている先生は少なくないでしょう。そんな苦手な子をも巻き込んでしまう技を紹介します。

1 必ず全員に立場を決めさせる

　授業でお客さん気分の子どもをつくらないためには，自分の立場（考え）をはっきりさせることが必要です。そのために，たとえ勘でもよいので，AなのかBなのかを決めるように促します。

　しかし，場合によっては立場すらもてない子がいるのも事実です。そういった場合に効果的なのが，「『わからない』という選択肢をつくる」という方法です。

　わからないことを「わからない」としっかり言えることは，授業においてとても大切なことです。わからないことを隠すのと，しっかり自分で認識させるのとでは，授業へのかかわり方が大きく変わってきます。わからないからこそ，積極的に授業に参加し，理解してほしいのです。

　また，「わからない」ことははずかしいことではない，ということを伝えるのも重要です。そうすることで，得意な子も自分が理解するだけで終わるのではなく，「その子に理解させたい！」という他者意識をもって授業に臨

めるようになるのです。

2 「なんとなく」の裏にある理由を問う

　勘でもよいので立場をはっきりさせるように指導を繰り返していくと，苦手な子でもだんだん立場を決めることができるようになります。せっかく立場を決めることができるようになったら，そのように決めた理由を説明できるようにしたいものです。算数は論理が求められる教科です。「なぜならば…」という部分こそが一番大切なのです。

　そういった子に理由を尋ねたときに多いのが，「なんとなく」という返答です。しかし，その「なんとなく」の裏には，何かしらの理由があるはずです。ですから，「なんとなく」という返答に「なんでそう思ったの？」と聞いてみましょう。ここでは，「なんとなく」と言えば許されるという状況をつくらないことが大切です。

　例えば，

　「偶数＋偶数の答えは，必ず偶数になる？」

と尋ねたとします。

　ある子は，２＋４＝６，６＋８＝14と２つの計算を試してみたものの，「これだけでは『必ず』とは言えないな…」と思い，「なんとなく」と答えました。

　ここで，すぐに次の子どもに答えさせるのではなく，教師がもう少し粘って理由を問うことで，子どもが試してみた２つの計算を引き出し，授業の流れの中に位置づけるのです。すると，それをきっかけとして，図式化したものが別の子から出されるなどして，どの計算であっても必ず偶数になることが明らかになっていきます。

　また，時には挙手していない子にも理由を問うなどして，どの子も緊張感をもたせ，最終的には理由を言えるように鍛えていくことも忘れてはいけない視点です。

（前田　健太）

> 練り上げ

深めたい考えを
自分で選択させる技

POINT
- ノートを自由に見て回る時間をつくるべし！
- 興味をもった理由を書かせるべし！

　練り上げは，教師が選んだ子から発表を始めることが多いですが，時と場合によっては，その選択権を子どもに与えてみましょう。子ども自身が選んだものであれば，学ぶ意欲も大きく変わってきます。

1 ノートを自由に見て回る時間をつくる

　多様な答えや考えが出るような問題を扱う場合，自力解決の後，すぐに練り上げに入ると，事前に教師が選んだ2，3名を取り上げ，その他の考えはなかなか表に出ない，ということが少なくありません。

　そこで，子どもたちが自分自身の観点で興味をもった考えを選択し，新しい見方や考え方を手に入れることができるように，ノートを自由に見て回る時間をつくります。

　例えば，図のようなドットの数を求める問題があったとします。
　①5×4−4
　②4×4
　③5×5−3×3
　④3×4+4
　⑤5×2+3×2
　⑥2×6+4

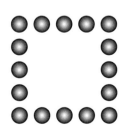

この問題は，①～⑥のように多様な求め方が可能です。①の考えに興味を示す子もいれば，④や⑤に興味を示す子もいるでしょう。そこで，子どもたちが友だちの考えを自由に取り入れる時間を確保してあげるのです。

　このようにすることで，教師があらかじめ決めた考えを取り上げるだけの授業よりも，子どもの学びは大いに深まります。

2 興味をもった理由を書かせる

　ノートを自由に見て回ることで友だちの考えを知ったら，興味をもった考えを自分のノートにまとめさせていきます。まとめる活動自体も立派な練り上げと言えます。

　ここで重要なことは，「なぜその考えに興味をもった（よいと思った）のかを書く」ということです。自分で選んだからには，どんなに拙いものであったとしても，子どもたちなりの理由があるはずです。

　例えば，

　「①は，１辺にあるドット数５と四角形の辺の数４というわかりやすい数を使っているのがよいと思った」

　「③は何もないところをあるものとして考えたのがおもしろかった」

などと書いてくわけです。

　教師主導の授業では，

　「①のよいところは？」

　「④はどんなところが他と違うの？」

といったように，いろいろな考えが出た後，どんどん先に進んでしまいがちですが，特に自力解決の段階でなかなかアイデアが浮かばなかった子どもにとっては，ノートに自分なりの理由を書く時間は貴重です。

　またこの後は，グループやペアになって説明する活動を取り入れるとさらに効果的です。

（前田　健太）

> 練り上げ

クラス全体で
多面的に考える力を伸ばす技

POINT

●途中で悩んでいる子の考えを共有するべし！
●解決した子にヒントを出させるべし！

　練り上げが，解決できた子による発表会で終わっていませんか？　そういうことを続けていると，算数の授業が先行知識がある子だけのものになってしまいます。練り上げを活性化するには，日々の授業で多面的に考える力を伸ばそうとする教室の文化をつくり上げていくことが大切です。

1 途中で悩んでいる子の考えを共有する

　教師は自力解決の後，ついつい模範的な考えから取り上げがちです。しかし，これではわかる子だけがわかる授業になってしまい，わからない子はいつまでもわからないままです。

　そこで時には，自力解決の後，あえて途中で悩んでいる子を指名し，

> 途中まででよいので，発表してくれますか？

と問いかけてみましょう。

　「途中まででよいので」とあらかじめ伝えておくとハードルが下がり，子どもはどこまでわかったのかを懸命に伝えようとします。この伝えようとする活動こそが，自分の考えた過程の振り返りであり，わからない原因をあぶり出すことにつながっていくのです。

このようにして，途中でつまずいている子の目先を変えて，もう一度学びに向かわせるきっかけを与えます。問題を解決するという目標から，試行錯誤して混沌としているところを発見するという目標に変えるのです。

子どもにとって一番辛いことは，何がわからないのかさえもわからないことです。つまり，わからないことがわからないのです。子どもの成長を願う教師であれば，こういう子の気持ちがいかに辛いか想像がつくでしょう。ですから，「わからないところをよく発見したね」と子どもをほめ，学級全体の意識も変えていきましょう。

2 解決した子にヒントを出させる

わからないところを学級全体で共有したら，「だれにわからないところを教えてほしいですか？」と尋ねてみるのもよいでしょう。教えてもらう相手を選んだ責任が生まれるので，わかろうとしてよく聞くようになります。

しかしこのとき，わかっている子がすべて教えてしまうと，クラス全員で多面的に考える力は育ちません。そこで，例えば，

手がかりとなるヒントを３つ出してくれますか？

などと尋ねます。

すると，数や形のどこに着目するとよいのか，どんな既習事項（性質やきまりなど）を使うとよいのか，など，「数学的な見方・考え方」がヒントとなってあらわれてきます。いろいろなヒントを出してもらうことで，単純に問題を解くだけではなく，自分では気がつかなかった発想に出合うことができ，見方・考え方の引き出しが増えるのです。

また，ヒントを出した子も，自分のヒントで友だちがわかればうれしいはずです。そうなると，次はもっとうまくヒントを出そうと工夫します。このようにして，ヒントを出した子の方も，クラス全員で多面的に考えることのよさを実感することができます。

（岡部　寛之）

振り返り・まとめ

新しい考え方や発展に
つながる振り返りの技

POINT

●結果を振り返ることで新しい考え方を見いださせるべし！
●発展的な問題をつくって振り返らせるべし！

　振り返りは，授業の最後に学んだことをまとめることだけではありません。結果が出た後に，その結果の正誤を検証したり，その結果を活用したり，その結果の考えや表現をよりよくしたり…と様々です。振り返るタイミングも，授業の最後だけでなく，途中に行われることもあります。

1 結果を振り返ることで新しい考え方を見いださせる

　3年生に次のような活用問題を出しました。

　8を8個使って，答えが1000になるたし算の式をつくろう。

　このときに，8＋8＋8＋8＋8＋8＋8＋8＝64と8を8回たしてみる子どもがいました。
　これではとても1000にはならないということで，88や888という表現をつくればよいことに気づいていきました。そして，次のような考え方が発表されました。1000に一番近い8を使った数は888です。1000－888＝112　112に一番近い8を使った数は88です。112－88＝24　24は8を3回たした数です。だから，888＋88＋8＋8＋8＝1000。少しずつ1000に近づける演繹的な考え方として他の友だちから評価されました。

104

答えが右のように筆算の形に表現されました。

「この筆算を位ごとにみると，どんなことが言えるかな？」

と投げかけました。これが振り返りです。

「一の位を０にするには，８を５回たせばよいことがわかります。８×５＝40です」

「十の位に４繰り上がると，４＋８＝12，12＋８＝20だから，十の位の数を０にするには，８を２回たせばよいことがわかります」

```
  888
   88
    8
    8
+   8
─────
 1000
```

「百の位に２繰り上がるので，８を足せば10になって，百の位は０，千の位は１になります」

答えの表現を振り返ることによって，新しい考え方を見いだしたのです。

2 発展的な問題をつくって振り返らせる

上の問題が解けた後に，次のように発問しました。

「この問題を新しい問題にできないかな？」

子どもからは以下のような反応がありました。

「『４を８個使って1000をつくろう』はどうですか」

「『８を８個使って10000をつくろう』がいいよ」

子どもが発展させた問題がよいですが，教師がつくった発展問題でも構いません。問題を発展させることによって，最初の問題の考え方が使えるかどうか検証し，一般化するのです。それが振り返りです。

```
  444
  444
   44
   44
    4
    4
    4
    4
+   4
─────
 1000
```

実際の授業では，４を８個使って1000をつくるという課題に取り組みました。

結論から言うと，８個ではなく16個使うことで1000ができたのです。しかし，最初の問題のときに使った考え方は使えることがわかりました。

（盛山　隆雄）

振り返り・まとめ

本質をとらえさせるまとめの技
【知識・技能】

POINT
- 子どもの言葉を引きだしその言葉を生かしてまとめるべし！
- 一番大事なことは何かを問うてまとめるべし！

　本質とはなんでしょうか。その授業のねらいであり、その先の算数につながる知識や見方・考え方のことです。
　この本質を子どもにとらえさせて、子どもの言葉を使ってまとめることは、子どもの主体的な学びの態度を育てるためにも重要です。

1 子どもの言葉を引きだしその言葉を生かしてまとめる

　右の写真は、3年生の二等辺三角形の導入授業です。ある形を半分に折った形を見せて、もとの形はどんな形かを考えさせました。
　例えば、半分に折った形が直角三角形だとする

と、もとの形は二等辺三角形になります。そのもとの形を想像し、説明するときに、二等辺三角形の定義に近い言葉が子どもから出てきます。
　この授業まで、子どもはまだ二等辺三角形の定義を知りません。ただ、この授業で出された問題に素直に取り組み、自分の言葉で説明しているだけで

新しい言葉，新しい概念を獲得することになったのです。

　ちなみに，授業の最後に子どもに問うた言葉は，「今日の授業でわかったことはなんですか？」でした。

2 一番大事なことは何かを問うてまとめる

　下の写真は，3年生のあまりのあるわり算の板書です。2つの問題を扱い，問題の違いに気づかせる授業です。2つの問題は，次のようなものでした。

①22人の子どもがいます。3人がけの長いすにすわっていきます。長いすは，いくついりますか。
②はば22cmの段ボールがあります。3cmはばの本を入れていくと，何さつの本が入りますか。

　両方とも「22÷3＝7あまり1」という式になります。しかし，答えは文脈によって異なりました。

「今日の授業で一番大事なことはなんですか？」
と尋ねると，子どもは，
「問題の問いに気をつけて答えを考えることです」
と話しました。その言葉は，そのまままとめとなりました。

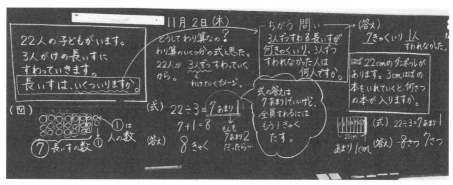

（盛山　隆雄）

振り返り・まとめ

本質をとらえさせるまとめの技
【見方・考え方】

POINT
- どう考えたことがよかったか尋ねるべし！
- 統合的な考え方を働かせてまとめるべし！

　見方・考え方は，目に見えるものではありません。子どもは問題を解決した答えは言いますが，その答えを出すために働かせた見方・考え方を積極的に話す子どもはあまりいません。だからこそ，教師の方から尋ねて引きだし，言語化してまとめることが大切なのです。

1　どう考えたことがよかったか尋ねる

　4年生に右の図を提示し，
「この図形のまわりの長さは何cmですか？」
と尋ねました。

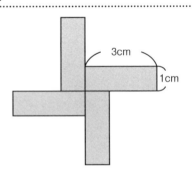

　答えは24cmと発表されましたが，答えを出すための考えは，次のように多く発表されました。
・1＋3＋2＋1＋3＋2＋1＋3＋2＋1＋3＋2＝24
・(3＋1＋2)×4＝24
・3×4＋1×4＋2×4＝24

　このように多様な考えをした後に，次のように発問してまとめました。
「どのように考えたことがよかったですか？」

これに対して次のような言葉が返ってきました。
「同じまとまりをつくってかけ算で考えたのがよかったです」（考え方）
「式を見ると，結局みんな同じ式になることがわかりました」（知識）

2 統合的な考え方を働かせてまとめる

次の時間に問題を発展させてみました。1つの長方形の大きさを変えて，右図のような風車の形をつくりました。まわりの長さは何cmでしょうか。

子どもたちは，下のように前時と同じような考え方をしました。

（3＋2＋1）×4＝24

「あれっ，まわりの長さは同じだ！」
「どうして同じなのかな？」
と新たな問いが生まれました。前時に考えた形と本時で考えた形は異なります。しかし，まわりの長さが同じになったことに驚いたのです。

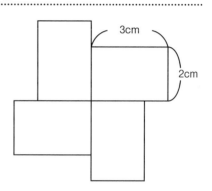

その問いについて考えた結果，右図のように辺を移動させて正方形にする考えが発表されました。前時に考えた形も本時に考えた形も辺を移動させてみれば，

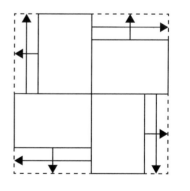

同じ正方形になることに気づいたのです。最後に次のように尋ねました。
「どのように考えたことがよかったですか？」
「辺を移動させて正方形にする考えがよかったです。まわりの長さが同じだとよくわかりました」
上のような見方をすれば前時の形と本時の形のまわりの長さが同じとわかります。このような統合的な見方でまとめることも大切です。　　（盛山　隆雄）

振り返り・まとめ

問題解決能力を育てる技

- ●問題解決に使った考え方の発想を共有するべし！
- ●考え方の共通点や相違点を問うべし！

　算数授業の大きな目標の１つが「問題解決能力」を育てることです。問題解決能力とは，問題を解決するために必要な考え方や発想を導き出したり，答えを批判的に考察して新たな問題を発見したりするなど，自分自身の力で問題を解決しようとする力のことです。この問題解決能力を育てるためには，授業の中に「振り返り」をきちんと位置づけることが大切です。

1 問題解決に使った考え方の発想を共有する

　問題を解決できるかどうかは，今までの学習経験を振り返り，本時の問題解決に必要な既習事項を自分の力で見つけることがカギを握ります。そのためには，一般的な終末の振り返りだけでなく，授業の途中でも積極的に振り返りを行うことが大切です。

　特に，問題解決のために使った考え方に対しては，「どうして，その考え方を使おうと思ったか」という発想の源を振り返らせ，学級全体で共有します。本時の課題と既習事項とのつながりを明確にしていくことで，算数の苦手な子にも，問題解決をするための思考の流れが定着していきます。

　　どうしてその考えを使おうと思ったの？（理由・根拠）

2 考え方の共通点や相違点を問う

　集団検討の際に，複数の考え方を扱うときは，それぞれの考え方の共通点や相違点を問うことが大切です。共通点を探ることで，今までの学習と関連づけながら意味の拡張や統合ができたり，複数の考え方すべてに共通している重要な考え方を発見できたりします。一方，相違点を探ることで，今までの学習との違いや新しい見方や考え方に出合うことができます。

> これらの考え方の同じところや違うところはありませんか？

　4年「大きい数のしくみ」の授業を例にして考えてみます。のようなエジプト数字と現在使われているアラビア数字を比べる授業を行いました。その授業終盤で「『アラビア数字』と『エジプト数字』はどちらが便利？」と発問しました。子どもたちは，全員一致でアラビア数字の方が便利だと主張しました。「エジプト数字には位がないが，アラビア数字には位があるから便利」という相違点に着目した意見です。一方，アラビア数字もエジプト数字も10集まると新しい単位（数字・絵）になるという共通点に着目した意見も出ました。

　板書は左から右へ書いていくことが一般的ですが，振り返りの際には，板書の右から左へと思考を巻き戻していくことが大切です。　　　　（沖野谷英貞）

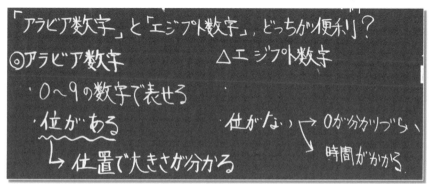

振り返り・まとめ

小刻みな振り返りを促す技

POINT

● 授業の中で小刻みに振り返りを促す発問をするべし！

● 友だちを意識した書き方をさせるべし！

1 授業の中で小刻みに振り返りを促す発問をする

　授業の最後のまとめとしての振り返りだけでなく，算数では，授業の合間合間の振り返りが有効です。

　例えば，子どもたちの思考が行き詰ったとき，「もう一度，ここまでの授業の流れを振り返ってみよう」と投げかけ，教師が「〇〇さんがこう言ったら，次の△△さんがこう反応したね」と振り返りのきっかけを与えてあげるとよいでしょう。

　そのためには，黒板に子どもたちの言ったことが残っている必要があり，だれがどこでどんなことを言ったかを，教師だけでなく子どもたち自身が覚えていなければなりません。そこで，「あのとき，このアイデアを出したのはだれだったっけ？」というような発問も投げかけていきます。

　また，授業の中盤でしっかりと時間をとり，ノートにここまでの振り返りを書かせるのもよいでしょう。次ページのノートを見ると，「とりあえずまとめてみよう」という言葉があります。その下の同じ授業の板書を見るとわかりますが，この部分の振り返りは，授業の半分よりも手前の地点で行われています。

112

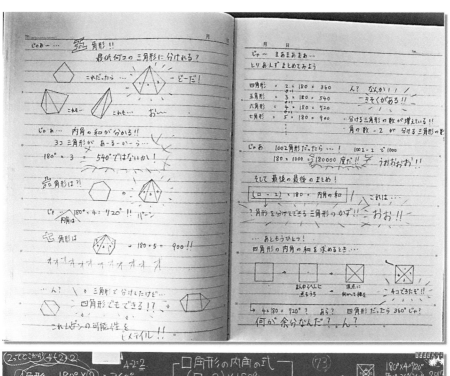

2 友だちを意識した書き方をさせる

　ノートに振り返りを書くとき，自分がだれの発言を聞いたときに理解が深まったのかとその発言の内容を書かせるようにすると，クラスの仲間と学び合うことの大切さを自然と意識させることができます。

（守屋　悠司）

ペア・グループ学習

相手意識をもって
自分の考えを伝えさせる技

POINT

●横に並んで，ノートを見せながら説明させるべし！

●説明の途中で確認させるべし！

1 ノートを見せながら説明させる

　自力解決後，考えをペアで友だちと伝え合う場面。何も言わないでいると，向かい合わせになり，ノートで顔を覆うようにして話そうとする子がいます。

　そこで，向かい合わせではなく，横に並んで，相手に自分のノートを見せながら説明させるようにします。さらに，話している箇所を指差しながら説明する子を称賛したりすることで，相手意識をもって説明できる子どもを増やしていきます。

2 説明の途中で確認させる

　自分が説明をすることに一生懸命になると，相手の反応を見ずに一気にすべて話してしまう子はいないでしょうか。そこで，説明の途中で立ち止まり，「ここまではわかった？」とペアの友だちに確認することを教えます。こういった指導が，黒板での発表の仕方の変化にもつながっていきます。

　また，聞いている側の子が，わからないことをちゃんと「わからない」と言えることも大事です。子どもにとって簡単なことではないので，ちゃんと「わからない」と言える姿を教師が見つけ，しっかりと価値づけることが大切です。

(小島　美和)

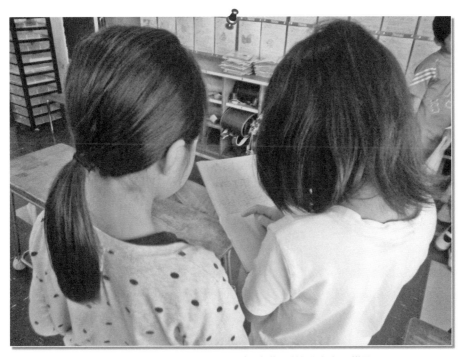

横に並んで，ノートを指差しながら自分の考えを伝える様子

途中で確認しながら，筆算の仕方を説明している様子

> ペア・グループ学習

わかったことや大事なことを
確認させる技

POINT

- ●ペアでの伝え合いで「わかったつもり」をなくすべし！
- ●ペア学習を振り返り，大事な言葉を押さえるべし！

1 ペアでの伝え合いで「わかったつもり」をなくす

　友だちの発表を聞き，「わかった人？」と尋ねると，「わかった！」という子でも，いざ発表となると言葉に詰まって言えないことがあります。「わかったつもり」になってしまっている状態です。そこで，重要な場面では，「○○さんの言ったこと，ペアでもう一度言える？」と投げかけ，発言内容をもう一度ペアで伝え合わせます。継続していくと，友だちの発表をよく聞こうとする姿勢や，自信をもって発表することにつながっていきます。

2 ペア学習を振り返り，大事な言葉を押さえる

　ペアで伝え合ったら，もう一度全体で発表する場を設けます。その際，大事だった言葉は何かを全体で押さえながら，板書に残していきます。

　さらに，自分がペアでの伝え合いの中で，同じような内容が伝えられていたかを振り返ることも大切です。自分の発言を自分で振り返り，わかったことや大事なことを再確認したり，友だちの発言内容を相互評価したりすることで理解が深まります。

（小島　美和）

友だちの発言をペアで伝え合っている様子

筆算，図，たし算で計算した後，共通点をペアや全体で確認しました

第2章 今日から使える算数授業づくりの技60

ペア・グループ学習

よい考えを学級全体で
共有する技

POINT

●ホワイトボードや画用紙を活用するべし！
●ワークシートやノートを交換させるべし！

1 ホワイトボードや画用紙を活用する

　グループ学習が終わった後は，グループで話し合ったことを発表させることが多いでしょう。そんなとき，ホワイトボードや画用紙を利用して発表させると，様々な考えを分類・整理しやすくなります。

　発表の際には，グループで発表する考えを，考えた子ども自身ではなく，その考えを聞いて納得した子どもに発表させるようにします。そうすると，友だちの意見をよく聞くようになり，話し合いが活発になります。

2 ワークシートやノートを交換させる

　自力解決後の集団検討の前に，自分の考えを書いたワークシートやノートを隣の人と交換して，隣の人の考えでよかったところや，自分が気づかなかったところを発見させ，自分の考えにつけ足しさせます。中学年や高学年であれば，隣の友だちだけでなく，まわりの友だちとも交換して，数人の考えを聞けるようにします。自分の考えに自信をもったり，他者の考えを自分のものにしたり，考え方の確認をしたりするのに有効です。そうすると，集団検討で自信をもって発言できる子どもが，少しずつ増えていきます。

（大野　詩歩）

画用紙をラミネートすることで書いたり消したりもできます

ワークシートを交換して，考えを共有する様子

第2章　今日から使える算数授業づくりの技60　119

> ペア・グループ学習

ハンドサイン，
ミニ先生活用の技

POINT

●隣同士で考えを確認したら，ハンドサインを利用するべし！

●ミニ先生を活用するべし！

1 隣同士で考えを確認したら，ハンドサインを利用する

ペア学習の際，隣の人と話し合った後，ハンドサインを利用します。

低学年であれば，隣の人と考え方が同じだったら手をつないであげます。その後，全体で検討する際には，2人で発表をさせるとよいでしょう。

高学年であれば，隣の人と考え方が同じ場合は「ピース」，考え方が違う場合は「グー」，つけ足しがある場合は「パー」をあげます。自分の考えと友だちの考えの共通点や相違点を見つけ出し，気づきやわかったことをはっきりさせることで，発表をしやすくすることができます。

2 ミニ先生を活用する

わからない子どもに教えてあげる「ミニ先生」。ただし，「答えを言っちゃいけないよ。ヒントを出してあげること」と伝えておきましょう。そうしないと，わからない子どもは，いつまでも自分で考える楽しさを味わうことができません。ミニ先生にとっても，「どうすれば，わからない子が考えるきっかけをつかめるようになるのか」を考える機会になります。わかる子ども，わからない子ども，両者にとって有意義な時間になります。

（大野　詩歩）

「同じ考えだね。一緒に手をあげよう！」

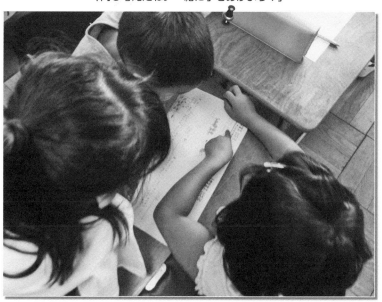

「ここを読んでみるとわかるよ」

第2章　今日から使える算数授業づくりの技60　121

ペア・グループ学習

ペア学習を日常化する技

POINT

●わからなかったらまわりの友だちと相談させるべし！
●聞いて終わりにさせないようにするべし！

1 わからなかったらまわりの友だちと相談させる

「わからなかったら，まわりの人と相談していいよ」と普段から声をかけておきます。自力解決中であっても，自分１人では解決できない場合，まわりの友だちと一緒に考えることを認めるのです。自分で解決する力も育てたいので，まずは自分で考えさせますが，それでもわからなかった場合はまわりの友だちと相談しながら考えても OK ということにします。

こうして，ペア・グループ学習を日常化すると，話し合いの仕方がうまくなっていきます。

2 聞いて終わりにさせない

まわりの人と相談するのはよいことなのですが，友だちの意見を聞くだけで終わってしまう子どもが出てくる恐れがあります。そういった子どもを見つけたときは，集団検討の際に指名して，自分で説明する機会を設けるとよいでしょう。

そうすると，人の意見を聞くだけではなく，自分で説明できるようになるまで考えようとするようになります。

(加固希支男)

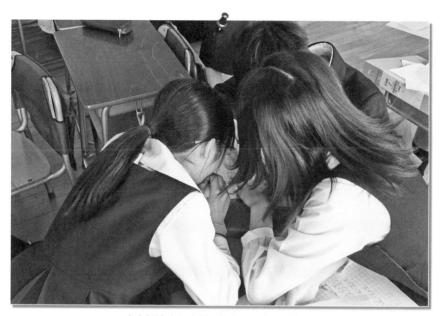

自力解決中に自然に集まって考える様子

気になったことは，授業後も黒板の前に集まって話し合いが続きます

ICT活用

発表者以外の子どもにも
深く考えさせる技

POINT

● 子どものノートを実物投影機で拡大提示し共有するべし！
● 図や式だけ提示し，他の子にその意味を答えさせるべし！

1 子どものノートを実物投影機で拡大提示し共有する

　実物投影機には，ICT機器の中でも「だれでも・簡単に」使えるというよさがあります。

　授業の中で，子どもが自分の考えをノートに図・絵・表などで表現する場面があります。しかし，発表では子どもの言葉だけだとなかなか聞いている子に考えが伝わりません。図を画用紙や黒板にかかせると時間がかかります。そこで，子どもがかいた図をそのまま実物投影機で映すことで，手間をかけずに発表を視覚的にわかりやすく共有することができます。

2 図や式だけ提示し，他の子にその意味を答えさせる

　しかし，発表する子が説明するだけでは，聞き手は一方的に聞くだけで，なかなか深く考えるところまでは至りません。

　そこで，子どもがノートにかいた図や式だけを提示し，
　「○○さんの考え想像できる？」
　「○○さんの図だとどんな式になるだろう？」
と全体に問いかけ，図や式の意味を考えさせることが有効です。

（澤野　祐二）

124

専用の台に設置し、テープなどでノートを置く場所をマーキングしておきます

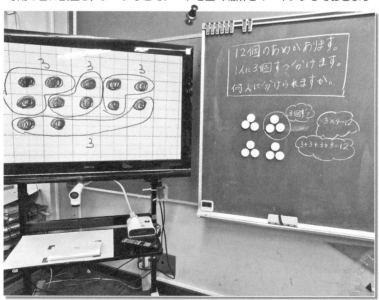

図だけ提示し、その意味を考えさせます

ICT活用

教科書をアレンジして
子どもの思考をアクティブにする技

POINT

●教科書の図や表をそのまま映すべし！

●教科書の一部を隠すべし！

1 教科書の図や表をそのまま映す

　教科書の図形は表をそのまま実物投影機を使って映すことで，子どもが見ている教科書と同じものを見せることができます。機種によっては，SDカードの使用が可能なので，前日に撮影し準備することも可能です。

　また，提示したページに書き込むことで，子どもの実際の作業を画面上に再現することもできます。

2 教科書の一部を隠す

　教科書の一部を隠して提示することで，あえて条件不足の問題をつくり出し，子どもに条件について考えさせるようにします。

　例えば，合同な三角形の作図について，一部の教科書では3つの辺の長さ・3つの角度が記載されています。そこで，長さ・角度を隠し，条件不足な状態で提示することで，最低限どこの長さがわかれば作図をすることができるかを考えさせます。

　また，問題文を提示して，その数字を隠すことで，その中に入る数字を考えたり，変えたりすることにより，問題を子どもとつくっていくことなどもできます。

(澤野　祐二)

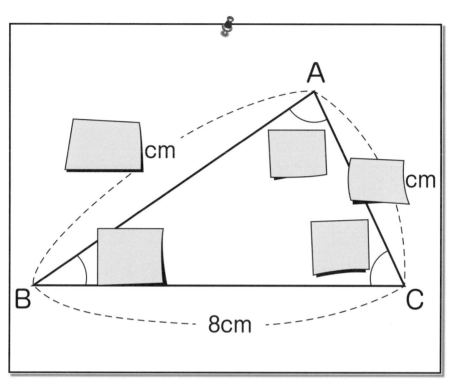

付箋で三角形の長さと角度を隠し，あえて条件不足にします

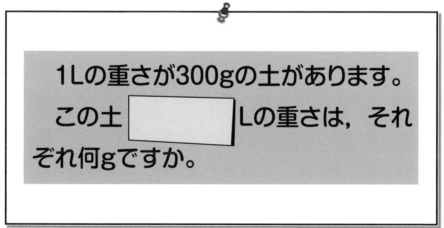

問題文の一部を隠して提示し，子どもと考えたり，変えたりします

第2章 今日から使える算数授業づくりの技60 127

ＩＣＴ活用

子どものノートや制作物の価値を共有する技

POINT

- ●よいノートを見せ，子どもをほめる機会をつくるべし！
- ●子どもがつくったものを教材にするべし！

1 よいノートを見せ，子どもをほめる機会をつくる

　子どものよいノートを見せ，共有することで，価値づけをします。例えば，筆算練習をするときは，ノートのマスを使ってていねいに計算をさせたいものです。そこで，指導の後，「〇〇さんのノートを見てごらん。位がそろっているから，計算も正確だね」のように，筆算を書いたノートを実物投影機で提示します。映された子はとても誇らしげな顔をします。また他の子も，その子の真似をしてていねいにノートに計算を書くようになります。

2 子どもがつくったものを教材にする

　具体物（ブロック・色板・立体図形など）を使って活動をするときには，個人が机上でつくったものを全体で共有したいところです。ただ，机上のものを全員に見せるのは難しいので，つくったものを実物投影機で映して見せます。「同じ24cm^{3}の直方体だけど，ＡさんとＢさんのつくった直方体は何が違う？」などと投げかけると，実際に子どもがつくったものを教材として学習することができます。また，違う角度や別の面から映したりできることもメリットと言えます。

（澤野　祐二）

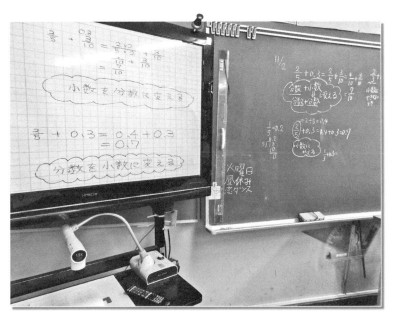

子どものよいノートを見せてほめます

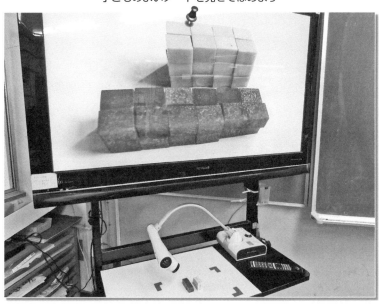

子どもが机上でつくった同じ体積の直方体を見せている様子

第2章 今日から使える算数授業づくりの技60 129

ＩＣＴ活用

タブレットPCを
有効活用する技

POINT

●簡単に利用できる機能から使うべし！

●お互いの学びを共有するべし！

1 簡単に利用できる機能から使う

　タブレットPCの導入を進める学校が増えていますが，最初はあまり難しく考えず，「カメラで記録する」「計算機として利用する」など，簡単に利用できる機能から使っていくようにします。

　ストップウォッチもその１つです。例えば，６年生の「資料の調べ方」の単元では，画面を見ずに自分が30秒だと思うタイミングで時計を止め，その記録からより時間の感覚が鋭いグループを決めるという活動を行い，散らばりに目を向ける活動を行うことができます。

2 お互いの学びを共有する

　タブレットPCの一番の利点は，ネットワークを利用することで子ども同士のコミュニケーションツールとして活用できることです。

　タブレットPCを家庭でも使えるようになると，１日の授業の振り返りとしてタブレットPCに簡単に授業のポイントをまとめるようにします。次の授業でお互いにまとめた内容を見合ったり，比較したりすることで，学びのポイントを共有でき，自分の記録としても残していくことができます。

(松瀬　　仁)

ストップウォッチ機能を利用して学習している様子

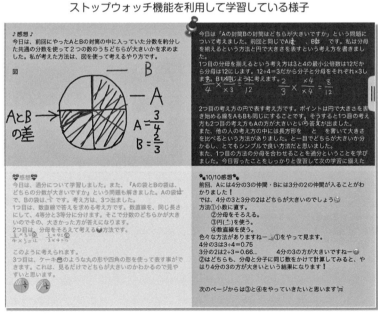

授業で大切だと思ったことをタブレット PC でまとめています

｜CT活用

授業力向上につながる
データ保存，活用の技

POINT

●日々の板書を記録し，振り返るべし！
●単元ごとに整理してポートフォリオをつくるべし！

1 日々の板書を記録し，振り返る

　毎日の授業で必ず行う板書。黒板には，その授業の流れが残っているので，授業後にデジタルカメラで写真を撮り，記録しておきます。授業の中では気づかなかったことも，子どもの目線で見返すと気づくことがあり，授業力アップにつながります。

　また，板書を振り返る際に重要なポイントとなるのが，授業の中で出てきた子どもの発言や「見方・考え方」が，どれくらい板書に表現されているかという視点で見ていくことです。

2 単元ごとに整理してポートフォリオをつくる

　板書の画像は，PC を利用してフォルダにまとめて保存していきます。フォルダを単元ごとに作成し，板書を連続して見られるようにしておくと，子どもが単元を通してどうやって学習を進めてきたかがひと目でわかります。

　また，板書の写真だけでなく，授業で使ったワークシートのデータ，教材・教具の写真，子どものノートをスキャンした画像なども一緒に保存しておくことで，子どもの具体的な評価に役立てたり，次年度の授業づくりの参考にしたりすることができます。

（松瀬　仁）

日々の板書を授業後に写真で残しておきます

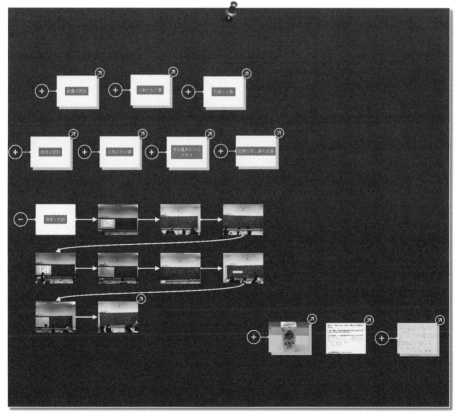

単元ごとに板書,教材写真,子どものノートなどを保存(「ロイロノート」を使用)

【執筆者一覧】

盛山　隆雄（筑波大学附属小学校）

加固希支男（東京学芸大学附属小金井小学校）

松瀬　　仁（聖心女子学院初等部）

山本　大貴（暁星小学校）

大野　詩歩（東京都東村山市立秋津東小学校）

岡田　紘子（お茶の水女子大学附属小学校）

岡部　寛之（早稲田実業学校初等部）

沖野谷英貞（東京都文京区立昭和小学校）

黒須　直之（埼玉県さいたま市立日進小学校）

小島　美和（東京都東村山市立東萩山小学校）

佐藤　憲由（東京都東村山市立東萩山小学校）

澤野　祐二（神奈川県相模原市立上溝小学校）

正　　拓也（神奈川県横須賀市立明浜小学校）

髙　　徹二（埼玉県新座市立片山小学校）

武宮慶一郎（白百合学園小学校）

鶴岡　武臣（東京都八王子市立弐分方小学校）

前田　健太（国立学園小学校）

三田　康裕（晃華学園小学校）

守屋　悠司（清泉小学校）

【編著者紹介】

盛山　隆雄（せいやま　たかお）

1971年鳥取県生まれ。筑波大学附属小学校教諭。
志の算数教育研究会（志算研）代表，全国算数授業研究会理事，
日本数学教育学会研究部幹事，教育出版教科書『小学算数』編
集委員。
著書に『「数学的な考え方」を育てる授業』（東洋館出版社），
『盛山流算数授業のつくり方　8のモデルと24の事例』（光文書
院）他多数

【著者紹介】

志の算数教育研究会

（こころざしのさんすうきょういくけんきゅうかい）
2011年発足。
著書に『10の視点で授業が変わる！　算数教科書アレンジ事例
30』『11の視点で授業が変わる！　算数教科書アレンジ事例40』
（以上東洋館出版社），『子どもをアクティブにするしかけがわ
かる！　小学校算数「主体的・対話的で深い学び」30』『すぐ
に使える！　小学校算数　授業のネタ大事典』（以上明治図書）

子どもがぐんぐんやる気になる！

小学校算数　授業づくりの技事典

2018年3月初版第1刷刊　Ⓒ編著者	盛　　山　　隆　　雄	
2018年8月初版第3刷刊	発行者　藤　原　光　政	

発行所　明治図書出版株式会社
http://www.meijitosho.co.jp
（企画）矢口郁雄（校正）大内奈々子
〒114-0023　東京都北区滝野川7-46-1
振替00160-5-151318　電話03(5907)6701
ご注文窓口　電話03(5907)6668

＊検印省略　　　　　　組版所　藤　原　印　刷　株　式　会　社

本書の無断コピーは、著作権・出版権にふれます。ご注意ください。

Printed in Japan　　　　　　　ISBN978-4-18-156212-0
もれなくクーポンがもらえる！読者アンケートはこちらから　→